Jac

Jacques Valdour

AUX PAYS
DES
DEUX NILS

EDITIONS BERGER-LEVRAULT

Aux pays des deux Nils

DU MÊME AUTEUR

QUESTIONS RELIGIEUSES

L'abbé Loisy, M. Le Dantec, M. Clemenceau font leur prière . . . . Épuisé
Le professeur Loisy contre l'abbé Loisy . . . . Épuisé
Le Lycée corrupteur. . . . . Épuisé
La Laïque (neutralité, manuels, la parole et l'exemple) . . . . Épuisé

QUESTIONS SOCIALES

Série *La vie ouvrière, observations vécues.*
Chez Rousseau, 14, rue Soufflot, Paris (V^e).

La Vie ouvrière. . . . . 9 »
Les Mariniers . . . . 9 »
L'Ouvrier agricole. . . . . 9 »
Les Mineurs. . . . . 9 »
Deux chauffeurs-conducteurs . . . . 9 »
L'Ouvrier espagnol (2 volumes) . . . . 18 »
Ouvriers parisiens d'après-guerre (Ouvrage couronné par l'Académie Française et
par l'Académie des Sciences morales et politiques). . . . . 9 »

Aux Éditions Spes, 17, rue Soufflot, Paris (V^e).

Ateliers et taudis de la banlieue de Paris . . . . Épuisé
De la Popinqu' à Ménilmuch' . . . . 10 »
Le Faubourg. . . . . 10 »

Chez Jouve, 15, rue Racine, Paris (VIe).

La Menace rouge . . . . 10 »
Le Glissement . . . . 10 »

Chez Flammarion, 26, rue Racine (VIe)

Ouvriers catholiques et royalistes . . . . 12 »

A l'Union des Corporations françaises, 10, rue du Havre, Paris (IXe).

L'Ouvrier français, 1 brochure. 1 »
Les Sources des erreurs ouvrières, 1 brochure . . . . 1 »

A la Société Générale d'Éducation, 14 *bis*, rue d'Assas (VIe).

L'École laïque et la classe ouvrière, 1 brochure. . . . . 1 »
La Question ouvrière et le catholicisme, 1 brochure . . . . 1 »

SCIENCE SOCIALE

Chez Rousseau, 14, rue Soufflot, Paris (V^e).

La Méthode concrète en science sociale 3 75
Réponse à quelques objections. 3 25
Les Méthodes en Science sociale. Étude historique et critique . . . . 30 »

JACQUES VALDOUR

Aux pays des deux Nils

Avec 77 reproductions photographiques hors texte

PARIS

ÉDITIONS BERGER-LEVRAULT

136, BOULEVARD SAINT-GERMAIN (VIᵉ)

1929

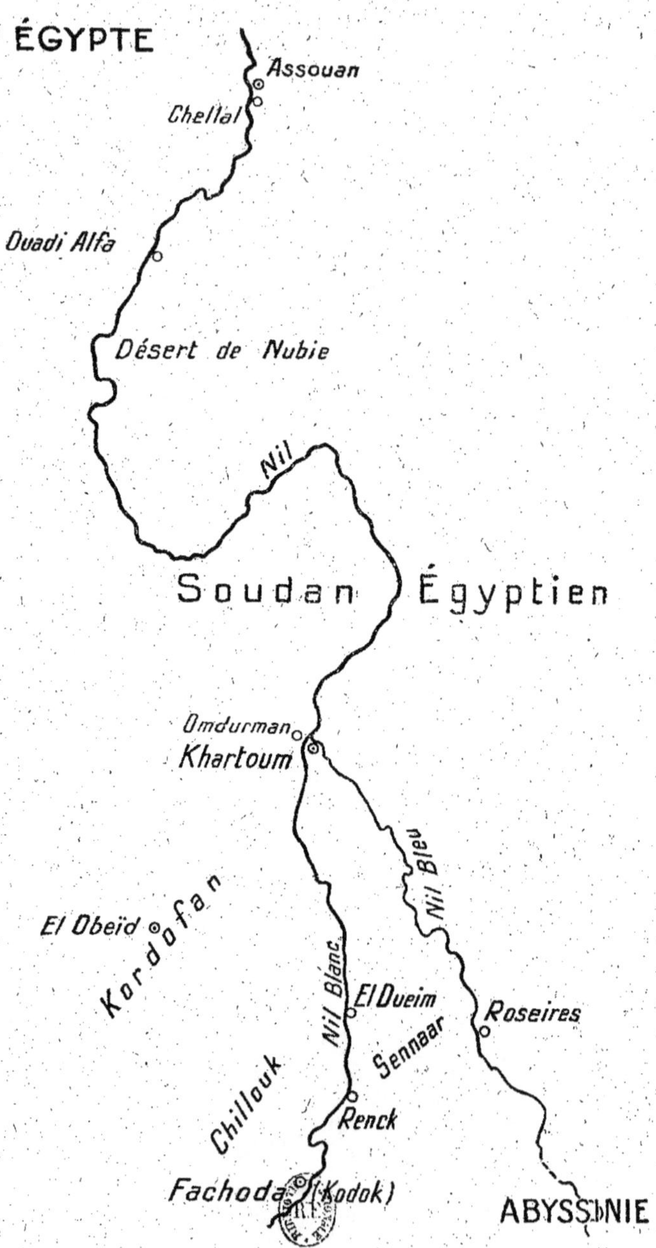

ÉGYPTE
Assouan
Chellal
Ouadi Alfa
Désert de Nubie
Nil
Soudan Égyptien
Omdurman
Khartoum
Nil Bleu
El Obeïd
Kordofan
Nil Blanc
El Dueim
Roseires
Sennaar
Chillouk
Renck
Fachoda (Kodok)
ABYSSINIE

CHAPITRE PREMIER

EN REMONTANT LE FLEUVE DE NUBIE

En fin de septembre.

L'ombre de la montagne s'incline sur Philœ. Le kiosque et le temple, la colonnade et les terrasses, émergés des eaux, entrent dans la nuit. Les berges et le fleuve tendent à se confondre, comme aussi la barrière des montagnes et les noires profondeurs où voyagent les étoiles. Mais, bientôt, la lune, montant dans le ciel, se met à cribler le Nil d'une pluie d'écailles brillantes. Un peu de vent s'élève du nord : la voile est déployée; la felouque longe la rive sous le panache des palmiers et, contre son flanc, l'eau chante tout bas dans un langage inconnu. Mais, presque aussitôt, le vent s'arrête de travailler. La barque est ancrée à la berge. Étendu sur des coussins, j'attends sans impatience que le sommeil m'enlève au charme de contempler la nuit très douce, le ciel paré de tant d'étoiles, et d'écouter le dialogue des sauterelles et des eaux.

****

... A peine l'aube. Descendu à terre, prosterné sur le sable, le reïs (¹) prie. Puis il attend que le vent se lève. Le jour se fait sur le fleuve qui court éperdument vers le défilé de Chellâl. Les montagnes noires, amas de gros blocs roulés, luisent sous les premiers rayons du soleil et, proches derrière nous, les temples de Philœ en reçoivent l'hommage. Quand, après quelques heures, le vent a cessé de tromper notre attente, le reïs prend la barre, les deux jeunes Berbérins qui forment l'équipage déploient la haute voile triangulaire et, contre la course des eaux, la felouque peine. Ils la conduisent le long des rives par le chemin, qu'ils recherchent, des eaux plus lentes et attendent, quand tombe le vent, qu'il lui plaise de se reprendre à souffler.

Ainsi cheminons-nous tout le jour. Doucement, les rivages glissent derrière nous, les rivages tristes et nus, bordés de montagnes noires. De gros blocs roulés et mis en tas en descendent vers le fleuve et parfois même y pénètrent encore en témoignage de ce que, jadis, ils lui barrèrent le chemin et furent vaincus.

Un mince liseré de cultures borde le Nil et souvent s'interrompt pour que la montagne stérile se baigne; ou bien ce sont quelques palmiers qui semblent souffrir de demeurer de trop longs mois plongés dans les eaux retenues par le barrage d'Assouan; et d'autres gisent sur le sol, arrachés par l'affouillement des remous. De cette terre misérable qui ne peut plus nourrir ses enfants, les Berbérins ont dû partir, descendre à Assouan et jusqu'au Caire pour trouver du travail : plusieurs villages abandonnés montrent sur le flanc des rochers leurs maisons vides dont les murs se fendent, dont s'effondrent les voûtes en berceau: C'est seulement aux heures lourdes de midi que nous atteignons un rivage où les palmiers plus nombreux, les cultures plus étendues, les maisons entretenues avec soin, font penser qu'il reste des Berbérins en Berbérie; et les voici, en effet, ces rares habitants, à l'ombre pauvre de leurs palmiers dont ils récoltent les fruits.

(¹) Capitaine de bateau.

LES RIVES DU NIL
AUX « PORTES DE KALABCHECH »

BATELIERS NUBIENS

Les hommes grimpent à l'aide des saillies de l'écorce; les femmes
ramassent et entassent les dattes. Ils travaillent sans hâte : le temps
ne coûte rien, et n'est-il pas inépuisable? Ils s'arrêtent de cueillir,
s'assoient et regardent sur le fleuve désert passer une barque rare...

Prosterné sur la berge nue, le reïs récite la prière de midi. Puis
nous repartons, poussés par un souffle imperceptible. Nous longeons
la très étroite bande de maïs, de fèves ou de haricots en fleur, que l'en-
vahissement du désert refoule contre la berge. Des bœufs lents font
tourner les roues des sakkiyehs dont les pots d'argile versent l'eau
du fleuve à la terre altérée. De loin, le reïs échange de nombreux
salams avec les Berbérins aux champs et, près d'une sakkyieh aux
roues gémissantes, la felouque arrêtée, il se prosterne à terre, l'heure
de l'*asr* venue, l'heure de la troisième prière. Il prie encore, au crépus-
cule. Et, la nuit commencée, sous l'éclat de la lune et des étoiles, au
pied des palmiers, il prie.

*
* *

... Avant le jour, le vent s'étant levé, la felouque a repris sa course.
Quand l'aube éclaire la rive rocheuse et basse, le petit kiosque de
Kertassi y dresse sa colonnade légère. Le soleil, très bas, dessine sur
les talus de pierre la silhouette du bateau qui est celle des barques
anciennes que connut le Nil des Pharaons. Ombre du passé et barque
d'ombres, elle passe sur le talus incliné et bas du rivage, elle dresse
sa proue mâtée court d'un mât qui porte fixée à une longue griffe
la voile en triangle; sous le bord tendu de son aile, se suivent les pro-
fils des deux bateliers; très à l'arrière, le reïs est à la barre et, entre
les montants d'un abri, se dessine l'ombre du maître, assis sur ses
talons et tenant à la main une longue palme qu'il agite sans cesse
pour chasser les mouches importunes. L'ombre du passé passe, poussée

par le vent... A l'horizon, se dressent les montagnes noires de Kalabché. La violence des eaux s'y est tracé un long chemin sinueux. Nous
remontons leur impétueux courant, leurs remous, leurs glissements
pleins de traîtrises. Et c'est au sortir de ce défilé que, non loin de la
berge, apparaissent les pylônes du temple de Kalabché. Les rares
habitants du village devisent ou rêvent à l'ombre des arbres. Le gardien du temple s'avance vers moi, tenant au port d'arme son bâton,
salue et, faisant demi-tour, me précède sur le sentier, me conduit à
travers les salles ruinées du monument et, avec le même cérémonial,
me ramène au bateau. Nous repartons, remontant jusqu'à la fin du
jour la route liquide, entre deux chaînes de montagnes désolées dont
la roche grise vient plonger dans le fleuve. Rares, les cultures. Rares,
les petits groupes de maisons de pisé. La menace des deux déserts
qui l'étreignent fait paraître précaire le cours hâtif d'un fleuve dont
la fuite se précipite depuis des milliers d'ans. Et il nous faut lutter
contre lui. La force du vent n'y suffit pas toujours. Il arrive souvent
qu'un épi de rochers, entassés par les Berbérins pour protéger quelques mètres carrés de terre, redouble à ce point la violence du courant
que la felouque, voile tendue, recule. Alors, les trois hommes usent
tour à tour de la perche et, l'obstacle franchi, attendent pour recommencer ce travail que la même difficulté se renouvelle.

A la chute du jour, sur une rive basse et grise, surgissent les restes
du temple de Dendour : au centre d'une haute terrasse, ample et
dévastée, s'ouvre une grande porte en forme de trapèze; en arrière,
il ne reste plus que les chambres du sanctuaire dont la façade, élé-
gante et lourde tout ensemble, dessine la silhouette d'un trapèze
où deux colonnes sont logées.

Et nous allons plus loin, après une station brève. Le vent favorable nous conduit sous la nuit brillante et obscure. Puis il nous
laisse dormir contre une berge où montent les fûts empanachés de
quelques palmiers.

*
* *

... Pas un souffle. La felouque reste là, prisonnière. L'espace,
lourd de soleil, garde la plainte continue des sakkiyehs dont la roue
lente verse l'eau aux champs : des champs très pauvres, très réduits
par l'invasion du fleuve depuis que le barrage d'Assouan fait monter
ses eaux les plus basses aussi haut qu'autrefois les eaux les plus hautes.
Et que de palmiers souffrent d'y demeurer plongés pendant les deux
tiers de l'année! Combien d'autres arrachés par le courant! Sur le
rivage, à côté de quelques maigres palmiers qui résistent encore,
cramponnés au sol de toute la force de leurs racines, d'autres gisent,
renversés par la violence des eaux. Les Nubiens perdent ainsi les
arbres qui leur donnaient nourriture, bois des barques et des maisons
et des sakkiyehs, feu, cordages. Leur pays, si pauvre, est encore appau-
vri depuis que le barrage, le transformant en un réservoir immense,
enrichit la riche Égypte; et, toujours davantage, ils émigrent donc vers
elle, en quête de l'emploi qui leur donnera du pain.

... Pas un souffle. La felouque est là, immobile. Dans le ciel,
grandit sans trêve le gémissement des sakkiyehs en travail. Sur le
rivage, gisent des palmiers morts. D'autres se dressent encore, qu'a-
battra peut-être le fleuve aux prochaines grandes eaux. Et nous attendons en vain qu'il plaise au vent de nous apporter la délivrance. Le
temple de Gerf Housein est proche : nous ne pouvons l'atteindre.
Contre la rive où, près des palmiers morts, d'autres attendent de mourir, la felouque reste prisonnière...

Les gens du village voisin viennent au fleuve, curieux du bateau
qui se tient à l'ancre. Et ils se disent, voyant la grande robe blanche
et le turban du voyageur, les uns : « C'est un Moghrébin »; les autres :
« Un cheikh arabe » et d'autres : « Un pacha ». Et ils prennent à part
le reïs, qui répond : « Non, mais un *khoâga*, un monsieur d'Europe,

qui visite les vieux temples. » Alors, ils s'éloignent et la felouque reste impuissante, à l'amarre.

Ironie cruelle, le vent s'élève, mais il souffle du sud ! Joignant ses forces à celles du courant, il nous ferait regagner Chellâl en beaucoup moins de temps qu'il n'en a fallu pour venir. Et il souffle très fort, avec une violence toujours accrue, jetant au fleuve des nuées de la poudre impalpable du désert et l'haleine brûlante des mers de sable; une tempête y sévit, bien certainement, et très proche d'ici, par delà le mur de la montagne... Attendre... dormir...

***

Toujours le calme plat. En halant la felouque ou en la poussant à la perche, mes hommes lui font faire un petit bond en avant, qui nous met à un village presque en face du tempe de Gerf Housein dont on aperçoit la colonnade ruinée. Mais l'équipage est las et, pour aborder l'autre rive, il faudrait remonter fort loin, tant le courant ferait dériver. Force est donc d'attendre encore le vent favorable. Il est 8 heures du matin : plongé dans l'eau, le thermomètre marque 20°; dans l'air et à l'ombre, 29°; au soleil, 39.

Vers 10 heures, s'élève, très légère, la brise. La voile est tendue. Nous remontons le fleuve, nous le traversons et, près de l'autre rive, sur une brusque saute de vent qui laisse à peine le temps d'orienter la voile, nous manquons de chavirer; la felouque ne reprend son équilibre que pour donner de la mâture dans un palmier; à grand'peine, les hommes l'arrêtent juste pour que la voile ne s'y déchire pas. Quelques instants après, nous accostons au village de Gerf Housein. A mi-côte, la montagne est sculptée et creusée en forme de temple. Aux piliers de la grande salle, les statues du Pharaon déifié s'adossent, un fouet à la main.

***

DES TERRASSES DU TEMPLE,
VUE D'UN VILLAGE ET DU FLEUVE

DE LOIN EN LOIN,
APPARAISSENT LES RUINES D'UN TEMPLE

... Après avoir dormi près des sakkiyehs gémissantes qui, tout le jour et toute la nuit en travail, versent l'eau du fleuve aux champs de doura, nous sommes poussés par une brise légère entre les rives sablonneuses et basses du pays de Dakké. Les montagnes reculent dans le désert et, sur l'horizon élargi, se profilent en petits cônes tumultueux. Sur le sable fauve, les beaux pylônes du temple de Dakké dessinent les trapèzes jumeaux qui figurent les clochers des temples égyptiens; mais toutes les salles se sont effondrées.

Un peu plus loin, comme nous atteignons Kourti, le vent tombe. Contraints d'aborder, nous nous reposons à l'ombre des mimosas en fleur et des palmiers. Les hommes du village viennent s'asseoir près de nous. Les enfants se tiennent derrière eux et, plus loin, sous d'autres bouquets d'arbres, les femmes, vêtues de draperies de toile écrue, la chevelure divisée en une multitude de petites tresses, le cou orné de longs colliers de verroterie, les poignets de larges bracelets d'argent, un grand anneau de cuivre pendant à la narine.

Encore un peu de vent; puis, à la corde et à la perche, lentement, nous finissons par atteindre les maigres restes du temple de Maharaka : cinq colonnes, deux pans de mur, une rive de sable doré et, près du village, l'habituel rideau de palmiers; en face, sur l'autre bord du fleuve, un groupe de montagnes mamelonnées. A travers la colonnade des arbres, nous regardons glisser l'eau qui emporte au loin l'image d'un ciel très pur; à l'heure du moghreb (¹), le soleil y laisse tomber, pendant quelques instants, l'or pâle et le rose léger de ses adieux et, presque aussitôt, la lune épanche sur la vallée le fluide pur et si doux de sa blanche lumière... Mais voici que le vent s'élève : partons !

*
* *

Toute la nuit, la felouque a navigué, sautant sur les vagues

____
(¹) Le couchant

clapotantes que soulevait le vent. A la pointe du jour, nous atteignons le temple enseveli de Sébouah, dont les pylônes émergent des sables. Puis nous reprenons notre course dans la grande agitation des eaux dont le vent du nord contrarie la fuite. Le fleuve est plus étroit. Le pays est complètement désert : les montagnes noires viennent presque sans cesse plonger dans le fleuve; elles érigent de grandioses falaises aux coudes du Nil, près de Korousko.

*
* *

Le Nil commence à décrire à Korousko l'S qu'il achève à Derr, à une vingtaine de kilomètres plus au sud. Les courbes qu'il dessine, les changements de direction du vent, la rapidité du courant, rendent le passage difficile. Immédiatement au-dessus de Korousko, nous pénétrons dans une nappe d'eaux bouillonnantes et de tourbillons que la force du vent ne parvient pas à nous faire franchir. Un de nos Nubiens, Mohammed, prend alors l'extrémité d'un câble, se jette à l'eau, nage avec vigueur, évite adroitement les plus violents remous, atteint la rive. Mais il a lâché la corde. Le reïs la lui lance : Mohammed la manque, veut la rattraper, tombe dans le fleuve, est entraîné dans un tourbillon qui le happe; nous le voyons tourner dans l'entonnoir liquide et disparaître. Quelques mètres plus loin, il revient à la surface, tire sa coupe avec une énergie redoublée, atteint la terre. Le reïs lance à nouveau le câble. Mohammed le saisit, le passe sur son épaule et nous hale. La felouque, jusqu'alors immobilisée sur les eaux tumultueuses par les forces contraires du courant et du vent, avance lentement, franchit enfin le rapide. Un peu en amont, nous accostons pour la nuit, près d'un bouquet de palmiers. La lune, presque pleine, ne tarde pas à faire couler sa lumière si brillante et si douce sur les noires montagnes de Korousko, le large fleuve en fuite, l'autre rive

où les sables étalent leur nappe claire. Et une sakkiyeh voisine, jour
et nuit versant aux champs altérés l'eau bienfaisante, gémit.

*****

Journée de grand labeur pour gagner Derr! Et même y parvien-
drons-nous? Pas un souffle! Marcher à la rame? Le courant est trop
fort. A la perche? Le fleuve est trop profond. Sur l'autre rive, la course
des eaux est trop violente : nous devons rester tout contre celle-ci
qui, sur une longueur de plusieurs kilomètres, est couverte de mimosas
plongeant dans le fleuve ou le surplombant et rendant ainsi très difficile et très fatigant le halage. A tout instant, pour doubler un tronc
d'arbre ou des branches plongeantes, les deux Nubiens se jettent à
l'eau, contournent l'obstacle, grimpent sur le talus qui se dresse
presque à pic et halent, puis recommencent leur épuisante et dangereuse manœuvre, risquant chaque fois d'être jetés dans le réseau des
branches qui se baignent, d'y être retenus et de s'y noyer. Plus loin,
c'est la felouque qui manque de faire prendre sa mâture dans les branches hautes et d'y déchirer sa voile. En quatre heures, nous parcou-
rons ainsi 4 kilomètres. Enfin, s'élève un peu de brise. Les hommes
peuvent délasser leurs muscles. Mais ils demeurent en alerte, car nous
ne pouvons vaincre le courant qu'en rasant le rivage et nous risquons
à tout moment d'être jetés dans la ramure épaisse, inextricable, des
mimosas épineux qui le recouvrent d'une broussaille touffue.

Quand le vent tombe, nous sommes en face du temple d'Ama-
dah (¹), à demi enseveli dans le sable qui couvre son rivage : le désert,
nu, s'achève dans le fleuve en dessinant une grande courbe dorée.
Notre rive, au contraire, est de féconde terre noire, chargée de champs

(¹) Partout où subsiste un temple, s'élevait, dans l'antiquité, une ville. Le sable du désert
y recouvre la terre fertile que les hommes ne cultivent plus. Il suffirait d'irriguer le sol pour en
faire sortir d'abondantes moissons.

de doura, ombragée de bois de palmiers aux colonnades hautes et de mimosas parfumés. A la corde, la felouque lentement remonte et, quand, enfin, le Nil a presque repris la direction du sud-ouest, nous amarrons devant la petite ville de Derr.

Après la nuit venue, le vent se lève brusquement, nous porte à quelques centaines de mètres plus haut et, tout à coup, cesse (¹).

**

C'est le calme plat. En vain, nous attendons une brise favorable. Les sakkiyehs, nombreuses sur ces rives plus fertiles, confondent leurs plaintes en un même bourdonnement qui, seul avec le fleuve emporté dans sa course, donne quelque vie à l'immuable immensité. Le reïs se décide à faire haler le bateau. L'attelage d'hommes le traîne d'un pas ralenti par les inégalités du sol, la coupure des berges à chacune des roues d'eau et, plus loin, par les grands rochers brûlants et nus de la montagne qui revient plonger dans le fleuve. Puis, le Gébel (²) recule et la berge se garnit de mimosas inclinant sur l'eau toutes leurs branches. Alors, notre marche devient plus difficile : les haleurs doivent à nouveau contourner à la nage des masses broussailleuses, ramener à terre, au-dessus de l'obstacle, le câble, pendant qu'à la barre le reïs veille à ce que la traction des hommes contrariée par la pression du courant ne jette brusquement la felouque dans les cimes épineuses et fleuries. Ainsi, pendant des heures qui tombent à l'oubli. Et, la fatigue venue, quand les Nubiens mettent à l'ancre pour le reste du jour, ils mesurent la brièveté de la route parcourue au prix de tant d'efforts.

(¹) Pendant l'été, le vent souffle continuellement du sud ; pendant l'hiver, du nord. Aux changements de saison, le vent est très irrégulier. Ce régime des courants atmosphériques du Soudan égyptien est analogue à celui des moussons dans les mers des Indes et d'Arabie.

(²) Montagne.

UNE FALAISE SUR LES BORDS DU NIL

UN ASPECT DÉSERTIQUE DES RIVES DU FLEUVE

Un village est là, entouré de palmiers et de champs de doura. Un vieillard surveillait l'irrigation de ses cultures : il m'accueille avec courtoisie et me prie de prendre place sur la couverture de laine blanche qu'il étend à terre, à l'ombre. Puis, il se hâte de pétrir quelques mottes de terre pour boucher un des petits canaux où l'eau court : la portion du champ qu'elle alimentait est maintenant convertie en une nappe d'eau boueuse où baignent les plantes. D'un coup de pioche, il livre passage à l'eau, que la sakkiyeh verse sans arrêt, pour qu'elle inonde un autre carré de terre. Et, revenu près de moi, assis sur ses talons, il me conte qu'il a passé dans ce Soudan où je vais trente années de sa vie, se livrant au commerce entre Berber et Sennaar; il se trouvait à Khartoum au temps des Dervouiches et lorsque les troupes anglaises investirent la ville; maintenant, ayant amassé quelque argent, il a acheté un peu de la terre si rare au pays berbérin, il cultive son champ en attendant l'heure de la mort. Ayant dit, il se lève, vite il ferme avec des mottes de terre qu'il pétrit le carré de légumes devenu un réservoir d'eau où baignent les tiges feuillues, il ouvre une autre portion de son champ au courant fertilisateur que la sakkiyeh envoie sans trêve, il revient près de moi, s'assied sur ses talons et, tendant la main comme pour saisir et retenir une vision du passé : « Je connais aussi Le Caire; j'y ai vécu trois ans; et cinq à Alexandrie... »

Comme, de la berge élevée, tout en l'écoutant, je contemple l'autre rivage, son rideau de palmiers, ses montagnes à demi ensevelies sous le sable doré et, plus loin vers le sud, la ruine d'une forteresse haut perchée que construisirent les Romains, voici que le soleil, s'inclinant au ras de l'horizon, met sur le désert et sur le fleuve ses adieux coutumiers. Bientôt, la lune, dans son plein, brille entre les mimosas et les palmes. Les étoiles lui font cortège. Et une telle clarté baigne le ciel, le Nil, la montagne et les champs, qu'on serait tenté de croire que le jour recommence.

Le lune cheminait depuis deux heures dans ce jour nocturne lorsque, soudain, le vent s'est levé. Vite, à la voile ! Nous faisons, sans effort, en cette nuit lumineuse, autant de chemin que sous le soleil avec une grande peine et, brusquement, le vent tombe, comme se faisant un jeu de nous décevoir.

*
* *

Pendant quelques heures d'une brise légère, nous avançons lentement le long de rives basses, souvent désertes, surtout vers l'ouest où la nappe blonde des sables menace d'envahir le lit du Nil. Vers le milieu de l'après-midi, le vent tombe. La felouque accoste la berge. Un indigène âgé y procédait aux ablutions rituelles de la prière de l'*asr*. Il les achève, s'approche et nous souhaite la bienvenue. Sur le haut de la rive frangée de quelques palmiers et mimosas, s'alignent les rares gourbis d'un petit hameau à l'abandon : un champ de doura verdit, une sakkiyeh l'arrose, une seule ; deux ou trois autres gisent démontées, inutiles, et leurs canaux d'irrigation, à demi détruits, s'en vont se perdre dans les champs reconquis par le désert. Sortant d'un gourbi ruiné, un jeune Berbérin vient à notre rencontre. Les jeunes hommes du pays nubien, me dit-il, ne veulent plus cultiver le sol ; ils émigrent dans les grandes villes d'Égypte, en quête de menus emplois (¹) ; s'ils n'en ont pas trouvé, et tel est son cas, ils reviennent au village en attendant que s'ouvre la saison d'hiver où sans doute la venue d'étrangers nombreux leur vaudra quelque place de serviteur. Lui-même fut au service d'un Allemand qui l'emmena en Italie et en France. Il me dit la joie de son retour au désert de Nubie, l'amour qu'il porte à cette terre lumineuse, son ciel immense, son fleuve royal ; et comme je lui demande quel pays, de la France ou de l'Italie, lui avait plu

____

(¹) Domestiques, concierges, gardiens.

davantage, il me répond, par politesse : « La France. — Pourquoi donc?
— Parce qu'il y a davantage de voitures. — C'est beau, Paris? » Alors,
jetant les yeux vers les profondeurs du désert, il murmure : « Parfois,
jusqu'ici viennent pour se désaltérer les gazelles... », et, regardant
comme dans un rêve la nuit qui s'est faite sur nous, semée d'étoiles,
les palmiers dressant sur la berge haute leur éventail immobile, la
lune qui s'est levée sur la cime des monts et dont la lumière très douce
coule sur la nappe fuyante du fleuve, il soupire : « Paris est beau, oui...
Mais, à Paris, où est ma lune?... où sont mes étoiles?... où, ma montagne? et mon Nil, si joli... O mon pays, plus beau que tout au monde!... »

*
* *

... Très, très lentement jusqu'au village voisin... Sur la berge en
terrasse, à l'ombre d'un acacia, deux Berbérins m'ont fait asseoir
sur la natte de paille qu'ils ont jetée à terre. Dans quelques semaines,
ils partiront pour Le Caire où les attend leur emploi habituel qu'ils
remplissent pendant les six mois de la « saison ». Le reste de l'année,
ils le passent ici, chez eux, dans l'oisiveté d'une villégiature. « Des
nègres venus du Soudan cultivent nos champs. » Ils m'offrent le café,
le thé. Pendant que nous buvons l'infusion chaude et sucrée, un indigène survient en qui j'ai la surprise de découvrir un compagnon de
l'explorateur allemand Nachtigal. Vieillard alerte, aimable, il a parcouru tout le Soudan entre Souakim et Tombouctou, se livrant à la
traite des Noirs; il me montre les cicatrices des blessures que lui ont
faites un coup de poignard et le jet d'une flèche. Sa connaissance
approfondie de ces régions, alors inconnues des Européens, l'avait
désigné au choix du Dr Nachtigal; au cours de ces derniers voyages,
il reçut une balle dans le mollet. Il me conte ses souvenirs avec la
simplicité joyeuse d'un homme qui ne se doute pas d'avoir vécu le
temps de l'Afrique héroïque. Assis à terre, à l'ombre d'un acacia, sur

la berge en terrasse du Nil de Nubie, en face de la rive orientale où l'étendue nue s'achève par une nappe de sable fauve, il passe là tous ses jours, au repos, songeant à ses grandes courses de jeunesse, alors que, voyager au continent noir, c'était conquérir l'inconnu.

Au coucher du soleil, le vent se lève. La felouque avance sur des eaux cuivrées par le reflet du ciel. Vite, la nuit se fait, lourde d'étoiles. La lune y monte, largement étalée. Sur sa lumière se découpent les gerbes des palmiers. La brise grandit : toute la nuit, elle travaille, poussant le long des rivages rocheux et déserts et contre le glissement et le remous d'eaux rapides la barque lasse de son trop long repos.

**

Au matin, nous nous trouvons devant le temple d'Abou Simbel. Franchi le double massif de montagnes qui forme en ce lieu une sorte de défilé, des berges basses sont apparues fuyant jusqu'à l'extrême horizon. Et le vent cesse, nous abandonnant le long des champs de doura, face à la grande solitude de la rive d'occident. Nous y demeurons tout le jour, sous une chaleur lourde. Mes Nubiens, fatigués par toute une nuit de veille, somnolent. Le ciel, qui jusqu'ici était resté d'une pureté inaltérable, se charge de grands nuages semblables à ceux qui chez nous précèdent l'orage ; mais, en ce pays des tropiques, ils ne sont qu'annonciateurs du Soudan où la saison des pluies s'achève et le reïs m'assure qu'ils ne promettent rien d'autre qu'une bourrasque et des sautes de vent. Aussi fait-il soigneusement rouler la voile. Quand le soleil disparaît dans un ciel blanc, les nuages immobiles semblent nous écraser de leur poids.

Deux heures ne se sont pas écoulées que, soudain, un vent violent se jette sur nous. Le fleuve, qui paraissait un bain de mercure, est soulevé dans un grand tumulte de vagues. Les feuilles rudes des palmiers s'entrechoquent. Les grandes tiges de doura, couchées, font

PARFOIS, QUELQUES HAUTS PALMIERS SE DRESSENT SUR LA RIVE

UN DE NOS BATELIERS, UN HAMEAU
ET LE FLEUVE VUS DE LA PORTE RUINÉE D'UN TEMPLE

entendre comme le murmure d'une foule invisible. Au premier assaut
du vent, le reïs s'est levé d'un bond : il a doublé l'amarre, fixé par un
second cordage la grande antenne qui porte la voile étroitement roulée,
retiré le gouvernail. La felouque est secouée par l'eau et le vent qui
la prennent de flanc, et la jettent contre la berge où elle se heurte
rudement. Les vagues se brisent contre notre nef et la couvrent de
gerbes de fines gouttelettes. Tout le fracas du fleuve finit contre nous
en un ressac furieux. Projeté sans arrêt sur le rivage de boue durcie,
le bateau en reçoit tant de chocs et si forts que le reïs, inquiet, tente,
aidé de ses deux hommes, de le maintenir à l'écart de la berge avec des
planches : mais elles font bélier; le remède est pire que le mal; le reïs
les retire et s'abandonne à la dure poussée de l'eau. De grands nuages
noirs couvrent le ciel. Quelques étoiles apparaissent au hasard de leurs
déchirures. On dirait que toute la violence du vent est déchaînée
pour nous livrer à la colère du Nil.

*
* *

Un jour sans soleil se lève sur la fin de l'ouragan. La felouque
est à demi échouée sur le rivage. Les trois Nubiens ont quelque peine
à la remettre à flot. Il ne reste d'hier qu'une forte brise qui nous conduit à Ouady-Halfa, à la seconde cararacte, seuil du Soudan égyptien,
sous un ciel uniformément vêtu de nuages.

DES PYLONES DE GRÈS ROSE SE DRESSENT, SOLITAIRES

OU BIEN, SUR LA RIVE DÉSERTE, UN PORTIQUE EN RUINE

CHAPITRE II

A TRAVERS LE KORDOFAN

§ 1. — Vers El Obéïd.

EN fin d'octobre, à Ondourman.

Depuis déjà trois jours, la caravane devrait être partie. Mais, sous de futiles prétextes, ils reculent, chaque jour, le départ, les chameliers paresseux qui, venus d'El Obéïd il y a déjà deux semaines, somnolent et rêvent sur le sable d'une grève, contre les dernières, les plus lointaines maisons de l'immense Ondourman. Et ils ont tout de même résolu de reprendre la route vers la fin de cet après-midi !

De quelle illusion me suis-je bercé? Comment ai-je bien pu ajouter foi à leur parole ? C'est aujourd'hui la veille du Ramadan : par toute la ville en fête se déroulent, étendards au vent, les processions dont les coups précipités du tamtam proclament la joie. Et les chameliers sont bien venus à ma petite maison : ils ont emporté mes bagages, la caisse de provisions et mon *angreb*, mon lit soudanais, qui est formé d'un treillis de cordes de palmier tendues dans un cadre de bois porté par quatre pieds. Mais ils m'ont dit que je resterais là cette nuit encore, qu'ils ne partiraient que demain, de très bon matin, au petit jour.

De la terrasse de la maison où je vais dormir, je vois les lumières des processions piquer les ténèbres; et les coups saccadés, précipités, des tambourins pendant longtemps encore jettent aux profondeurs obscures de la nuit leur appel religieux. Puis, ce sont des cris, comme d'une grande querelle : un musulman, ivre de *mérisse* — la boisson d'orge fermentée dont on abuse au Soudan — est traîné par ses coreligionnaires, malgré ses protestations, jusqu'au poste voisin en punition du scandale qu'il cause. Enfin, je m'étais couché sur la terrasse et je dormais quand un grand coup de vent se jette sur la ville et, sans arrêt, l'agite de la violence de son souffle, la couvrant de la poussière dont il s'est chargé au loin, dans les plaines. Ma grande lanterne — le *fanous* — s'est abattue à terre, avec fracas. Je retiens d'une main mes vêtements, de l'autre mes couvertures, je me hâte au dedans de la demeure. La pluie tombe...

*
* *

Le soleil se lève dans un ciel reposé. Et sans doute, car je n'en vois aucun, les chameliers dorment-ils quelque part encore. Puis ils surviennent, bien plus tard, me saluent et repartent au *soûk* où ils s'attardent à faire de petites emplettes; et la matinée est près de finir lorsqu'un petit âne, escorté de l'un des caravaniers, m'emmène d'un pas vif là-bas, tout là-bas, à l'extrémité du dernier faubourg de l'immense Ondourman, sur cette grève du Nil Blanc où depuis de longs jours chameliers et chameaux dorment de paresse. Je traverse des allées du soûk, de petites places, des carrefours, des rues compliquées et incertaines, entre les murs très bas des petites maisons de terre rougeâtre ou grise, et de grands espaces nus, des quartiers dévastés, abandonnés depuis les guerres mahdistes qui ont laissé comme témoignages murs crevés, maisons sans portes ni fenêtres, ni toitures, s'effondrant sous l'assaut annuel des déluges d'été. Par instants, on se croit hors ville

LES SABLES VIENNENT JUSQU'AU BORD DES EAUX

UN PALMIER DOUM

tant est vaste cet amas de ruines qui a pour frontière la plaine nue du Kordofan, le grand vide attirant de l'ouest où les jeux du soleil font trembler la nappe d'eau du mirage.

... Sur la grève brûlée du Bahr et Abiad, les chameaux continuent leur sommeil. Un chamelier, un seul, les garde en dormant. Et je me mets à l'abri d'une hutte en attendant de partir plus tard, cet après-midi, peut-être, *imch'Allah*, s'il plaît à Dieu...

Mais, comme le soleil atteint au plus haut de sa course, les voici tous qui surviennent, le chef de la caravane et ses six hommes : ils s'assoient à terre autour d'un énorme plat de pâte de *doura* baignant dans l'huile tiède et ils mangent, ce premier jour de Ramadan, disant que les fatigues de la route les dispensent du jeûne. Après quoi, ils chargent leurs douze bêtes et nous nous mettons en route vers le sud.

A l'extrême horizon, devant nous, une ligne courbe de collines basses. Sauf cela et qu'à notre gauche, très proche, s'étend la grande coulée du Nil, le regard ne peut saisir sous le ciel que l'uniforme déroulement d'une plaine stérile, poudrée de sable fauve ou criblée de cailloux noirs. Les chameaux, d'eux-mêmes, se dirigent dans cette étendue, sans hâte, en flâneurs indifférents à la fuite du temps, amoureux des longs vagabondages dans les plaines sans fin; et comme, peu à peu, du sol qui semble ingrat sortent, deci delà, de loin en très loin, quelques touffes d'herbes, quelques buissons, présents des pluies récentes, ils se dispersent où les porte leur gourmandise. Les chameliers les suivent de loin, le torse nu sous la longue draperie flottante des écharpes de toile grise, la tête nue sous le soleil ardent. La ligne d'horizon, à l'est, sur le Sennaar, forme des nuées très sombres qui, lentement, gagnent tout le cercle que dessinent les confins de la terre. Au-dessus de nos têtes, de petits nuages blancs font un ciel pommelé qui me rappelle celui de mon lointain pays. Mais, après que le soleil s'est couché dans un bain de pourpre et que le très mince croissant de la lune de Ramadam s'est montré au-dessus de nos têtes, des étoiles inconnues peuplent un ciel étranger. Une nuit obscure enveloppe tout; et parce qu'au fond d'elle-même, au ras des confins de la terre, des éclairs muets jettent une clarté rapide, parce qu'aussi les étoiles sont impuissantes à éclairer rien d'autre que le point qu'elles occupent dans l'infini, il semble que les ténèbres soient une chose épaisse où il nous faut nous enfoncer pour des temps éternels. Les bêtes, je ne les vois plus. Les chameliers, j'entends seulement que, pour ne point se perdre, même depuis qu'à la nuit ils se sont groupés, ils chantent une sorte de mélopée triste qui finit par un long appel. Et puis, on frôle d'invisibles broussailles épineuses qui grattent rudement les fardeaux. L'homme qui conduit ma monture fait à tout moment des détours pour éviter ces grands buissons qui se pressent en taillis et le sol amolli où l'on enfoncerait trop. Parfois, au loin, brille une lumière de quelque campement de nomades ou hameau perdu, qui disparaît pour qu'une autre plus loin lui succède. Pendant des temps, nous remuons ainsi la nuit, tant qu'enfin, des chiens ayant jeté leur alarme, nous nous arrêtons près de quelques huttes pour le repos. Le feu est allumé, le thé se prépare. Les gens de la caravane s'y réunissent, assis sur les talons, éclairés par les lueurs du foyer qui accusent leur type de Bédouins négrifiés : le nez épaissi sans avoir perdu la brusque courbure finale de sa ligne sémite, la bouche plus épaisse sans avoir cessé de paraître aussi cruelle, les yeux brillants et durs, le regard aigu et fuyant qui ne peut contenir l'aveu des ardentes convoitises.

*
* *

Au petit jour, nous sommes prêts pour le départ. Devant nous, s'étend une grande plaine verte de buissons et de quelques herbages. Aussi loin que porte la vue, se déroule la nappe vert sombre de l'immensité déserte. Nous avons légèrement dépassé les petites collines qui, hier, nous apparaissaient si lointaines, et d'autres ont surgi vers lesquelles nous marchons, tout à l'extrémité de cette plaine verdâtre, qu'elles cernent d'une ligne courte et basse, grise et incertaine comme une brume légère. Nous avançons parmi les buissons qui, épars sur la terre poudrée de sable fauve, nous semblaient de loin la vêtir d'une robe bien tissée. Le Nil a disparu. Nous nous en sommes éloignés. Nous serions seuls dans ce jardin de feuilles vertes et d'épines blanches, sous la voûte d'un ciel qui semble dévorer tout l'espace, si nous n'apercevions, tout au loin, comme un hôte prêt à nous accueillir au terme de ce long voyage, la ligne courte de collines basses née ce matin même à nos yeux. Et aussi, par deux fois, nous dépassons un petit troupeau de chèvres noires que gardent des hommes armés de lances; puis, quelques huttes de branchages. Et il n'y a plus rien que la nappe vert sombre de la plaine.

Quand nous nous arrêtons pour laisser s'écouler les heures les plus chaudes, la ligne des mêmes collines est dépassée et, à la limite du nouvel horizon de la steppe verdâtre, une petite colline, écrasée sur le sol, y marque un repère nouveau; à l'orient, on croit deviner le fleuve dans un trait blanchâtre, incertain, au delà duquel se dresse une montagne isolée. Nous faisons halte à l'ombre pauvre de quelques arbustes, près d'une aiguade où un troupeau de chèvres noires est venu se désaltérer et nous écoutons le vent parler aux buissons dans son mystérieux langage. Les femmes d'un hameau caché dans le voisinage se sont baignées dans l'aiguade. Des hommes y ont fait ensuite leurs ablutions à l'heure de la prière et, à leur tour, les chameliers s'y purifient, eux qui, depuis Ondourman, n'avaient eu pour cet usage que le sable du chemin. Après quoi, et la prière dite, ils emplissent, pour notre boisson, leurs outres de cette eau bonne à tous les usages.

La marche reprend vers l'horizon sans fond. La petite colline qui semblait si lointaine dépassée, la plaine fuit sans rien offrir à quoi puisse s'accrocher le regard que la ligne si mince, toute droite, qui figure le Nil lointain. Rapidement, le soleil meurt dans un ciel cuivré, qu'il abandonne à l'invasion innombrable des étoiles inconnues. Le croissant élargi y prolonge un peu sa course. Sa lueur laisse entrevoir la dénudation de la plaine où la caravane met des ombres indécises et fuyantes. Mon chamelier me crie : « Tu ne fumes donc jamais? — — Jamais. — Oh! répond-il en musulman très pieux, cela me plaît beaucoup. Et bois-tu le mérisse? — Du tout. C'est très mal. — Oh ! j'en suis vraiment très heureux. » Alors, pour le calmer : « Mais je mange du porc. C'est excellent. » Yousef se tait.

Quelques points lumineux, très au loin, percent les ténèbres : un campement de nomades. Comme nous avançons toujours, une sorte de colline, grosse comme une taupinière, surgit soudain, vers l'ouest, presque contre nous : par son profil conique, elle joue à la grande montagne. Puis, c'est un feu solitaire, qui flambe silencieusement dans la nuit, jetant un reflet rougeâtre sur une confuse assemblée; à cette distance, on pressent toute une foule, indiscernable, muette, dans l'attente... Elle paraît maintenant rangée comme un front de bataille... N'est-elle pas hérissée de traits droits, de forme aiguë?... On dirait, à présent, un cercle de formes indistinctes autour de ce foyer perdu dans l'immensité noire que domine la colline minuscule à silhouette de cône, un cercle où des yeux luisent, une troupe silencieuse armée de lames aiguës et tenues hautes..., des piques... non, des cornes monstrueuses de grands bœufs songeurs. Autour de la triste flamme solitaire, les bœufs aux cornes dressées tiennent un silencieux aréopage...

Nous poussons encore un peu plus loin et des chiens jappent : c'est le hameau d'une saison, où nous passerons la nuit. Des hommes, drapés de leurs flottantes écharpes, échangent avec mes gens les accolades lentes et les mots de bienvenue. Les bêtes s'agenouillent, leurs fardeaux sont à terre... A terre, agenouillés, les chameliers disent la grandeur de Dieu...

*
* *

DANS LES STEPPES DU KORDOFAN, UN HAMEAU D'ARABES PASTEURS

APRÈS LA SAISON DES PLUIES, UNE AIGUADE TEMPORAIRE

Avant l'aube, les chameliers font leurs préparatifs de route et, rapidement, récitent la première prière. Le jour se lève sur une plaine velue d'herbe décolorée. Rien à l'horizon que, vers l'orient, la ligne si mince, blanchâtre, à peine esquissée, qui est la frontière d'eau des plaines basses du Sennar et des plaines hautes du Kordofan : des lointains si lointains qu'on se dit que de marcher toujours vers eux on ne les épuiserait jamais, qu'il y aurait toujours cet infini de solitudes où l'herbage des dernières pluies déjà se décolore. Et, comme effrayée d'oser saisir seulement un peu de cet inépuisable, au premier hameau qu'elle rencontre, la caravane s'arrête. Yousef m'installe à l'ombre d'une des huttes faites de nattes déroulées sur des arceaux, où nous passerons dans le repos tout ce jour : deux chameliers et un chameau partent pour un village situé hors de notre route afin d'y renouveler la provision de doura nécessaire à leur nourriture, village saisonnier, sans doute, campement de quelques mois, car, grand comme la France, le Kordofan est le lieu de parcours des 500.000 pasteurs qui l'habitent. Les gens du hameau viennent successivement faire visite au chef chamelier, Yousef. A l'entrée de ma hutte, ce sont larges accolades, longs serrements de mains, interminables échanges à mi-voix des politesses d'usage. Et tous, assis à terre dans l'ombre de la cabane, indifférents, semble-t-il, au chrétien de passage, ignorant même, en apparence, qu'il soit présent, multiplient sur lui leurs questions : d'où il vient, où il va, qui il peut être, combien il paie, ce qu'il fait, ce qu'il mange. Leur œil furtif, rapide, précis, détaille le bagage, le costume, la physionomie de l'étranger. Mais, si je leur parle, ils se montrent sensibles à cette marque d'attention, ils accueillent avec satisfaction un mot de politesse, répondent par un compliment, sans jamais se départir de la noble dignité de leur attitude. Puis, largement drapés de leur grande écharpe, le geste rare, le visage comme fixé dans la contemplation de leur plaine immense ainsi que la mer, ils s'éloignent d'un pas lent, regagnent le peu d'ombre que fait plus loin leur hutte basse, s'y assoient à terre, retournant au silence et à l'oisiveté de leur vie.

Le soleil mort, emporté dans un linceul de sang, le hameau s'éveille : auprès des feux, les hommes s'assemblent; on leur apporte la pâte de doura, le lait aigre; le jeûne de Ramadan est rompu. Mes chameliers m'invitent à manger avec eux. Je goûte à leur doura. Mais, quand je me retire, ils disent tous : « Dieu est Dieu et Mahomet est son prophète », comme pour se purifier du contact du chrétien.

**

Le lendemain.

Les sacs de doura ne sont pas arrivés encore; et toute la matinée s'écoule à l'ombre de la cabane de paille. Des hommes du hameau m'y viennent joindre, curieux de tous ces menus objets dont ils me voient faire usage, que nous tenons pour indispensables et qu'ils ignorent ou dont ils sont privés : une cuiller, une boîte de fer-blanc et son couvercle, un mouchoir de poche, une courroie de cuir, l'étoffe de mes vêtements, surtout mes chaussures et leurs lacets et, plus encore, ma montre : pour la voir, ils demandent l'heure de temps à autre et la permission de la toucher; ils la prennent avec précaution, avec respect; quand ils en découvrent le tic-tac, ils manifestent une joie d'enfant; et quand, ouvrant le boîtier, je les initie à l'activité mystérieuse du balancier, ils en restent stupides. Deux d'entre eux me tiennent compagnie presque tout ce matin. Seuls avec moi, ils me disent : « Tu as du thé? Veux-tu que nous te le préparions? » Je réponds : « J'en ai déjà bu, je préfère attendre. » Alors ils avouent leur désir : « Nous en aurions bu avec toi. C'est si bon ! » J'objecte : « Mais c'est le Ramadan ! » Aussitôt ils me disent, l'un, qu'il a eu les fièvres, l'autre qu'il est fatigué. Comme nous prenons le thé, ils demandent : « Tu fumes? — Non. — Oh ! c'est très bien cela ! Vraiment, nous som-

mes enchantés de te voir et la pensée que tu vas partir nous attriste.
Tu reviendras au moins? » Et ils apprêtent leur pipe de haschich.
« Mais c'est très mauvais de fumer cela! très mauvais! » dis-je. Ils
sourient, du doigt désignent leur front et, oscillant la tête comme
des hommes ivres : « C'est si bon de sentir que tout tourne! » Ils ajoutent : « Bois-tu le mérisse?... et le raki?... le cognac?... » Comme je
réponds « non » chaque fois, ils m'approuvent : « Comme tu as raison!
tu es un excellent homme et nous sommes bien heureux que tu sois
venu parmi nous. » Après quoi, ils ajoutent : « A El-Obéid, on boit
beaucoup de mérisse..., tout le monde en boit... Et à El-Dueim, où
tu te rends ensuite, on en boit! on en boit!... tout le monde boit beaucoup de mérisse... — Et toi? — Moi aussi », fait-il à voix plus basse
et, désignant l'autre : « Lui aussi... » Alors ils mettent un doigt sur la
tempe, ferment à demi les yeux, oscillent de la tête : « C'est si agréable
de sentir que tout danse ... » Les yeux brillant de l'excitation du
haschich, ils murmurent : « Il n'y a qu'un Dieu et Mahomet est son
prophète! » Je dis : « Je vous entends. — Vrai? tu as compris?... Répète
ce que nous avons dit... — Il n'y a qu'un Dieu. » Puis, je me tais. Alors
ils me pressent : « Et Mahomet... — Non! fais-je vivement, Dieu
suffit! » Après un silence, ils demandent : « Dans ton pays, on dit :
J'atteste qu'il n'y a de Dieu que Dieu? — Oui. Et aussi que Dieu seul
est grand. On ne dit pas que Mahomet... Non! qu'importe Mahomet ?
Dieu suffit, Dieu seul ! »

Ces Arabes, peu soucieux d'observer des pratiques qui les gênent,
professent une foi ardente. Les politesses et les compliments, ils les
prodiguent par devoir d'hospitalité; mais, derrière la façade des gestes
et le rideau des phrases, ils gardent leur cœur farouche, tout débordant
de haine pour le chrétien. Après m'avoir couvert de flatteries, ils
répètent leur *credo* pour proclamer leur fidélité invincible et se re-
tremper dans leur croyance. Ils cherchent à m'en faire redire la formule pour m'y prendre comme au piège, car il y a des exemples, en

ces pays fanatiques, de chrétiens indigènes qui, l'ayant dite au cours d'une simple conversation, furent tenus par les témoins pour avoir prononcé à la fois l'abjuration de la croyance chrétienne et l'affirmation de la croyance musulmane, et mis en demeure de subir la circoncision ou d'être traités en apostats. Prononcer par mégarde le symbole de l'Islam, c'est pour ces musulmans passionnés attester qu'on embrasse leur foi; et, qui la renie, le Coran ordonne de le mettre à mort.

... L'après-midi s'écoule. Un homme vient me demander quelques allumettes; un autre, un peu de sucre; d'un pas fatigué, un des fumeurs de haschich s'approche de la hutte, s'assied sur le seuil, bourre la pipe minuscule, fume; ses yeux brillent; il reste là, silencieux, emporté dans ses rêves. Aux approches du couchant, le chef chamelier et un de ses hommes rentrent d'un hameau voisin où demeurent leur père, des parents, des amis; et ainsi je comprends la raison de cette halte si longue. Neuf nègres du Borkou et trois négresses atteignent aussi le hameau pour y passer la nuit; ils sont armés d'arcs et de flèches de leur lointain pays; ils portent sur la tête un petit ballot de verroteries qu'ils vendent sur le chemin en échange de leur nourriture; ils arrivent de La Mecque, achevant à petites journées leur long pèlerinage; ils ont mis six mois déjà pour venir d'Arabie jusqu'ici.

Le soleil a presque achevé sa course. Le hameau, secouant la torpeur de la journée brûlante, s'éveille. Les hommes causent assis à terre près des portes des paillotes; les femmes préparent la pâte de doura; les enfants ramènent les troupeaux de chèvres, les vaches; notre chameau, parti la veille, revient enfin avec sa charge de grains.

La nuit faite, les feux y jettent leurs reflets rougeâtres, les hommes assemblés pour le repas font des cercles d'ombres que caresse la lune. Mes chameliers m'invitent à prendre place près d'eux. Mais, quand j'ai fini de goûter leur nourriture, ils disent tous : « Dieu est Dieu et Mahomet son prophète », comme pour se purifier du contact du chrétien.

A LA FIN DE LA HALTE, ON AMÈNE LES CHAMEAUX

A L'ÉTAPE : UN DE MES CHAMELIERS BAGGARAS

***

Au petit jour, ayant prié, les nègres, leurs femmes, chacun son petit ballot sur la tête, son arc et ses flèches à la main, tous en file, partent après s'être fait indiquer le chemin. Mais il n'y a nulle hâte parmi nous : le chef chamelier s'attarde dans la hutte d'un ami. Des gens du voisinage viennent échanger avec mes hommes de longs saluts. On répare les bâts, on vérifie la solidité des cordages. Le soleil est déjà haut quand, les bêtes chargées, nous reprenons notre tâche d'avancer dans la plaine qui semble ne jamais devoir finir. Pendant des heures, devant nous, l'horizon fuit : une ligne droite, assombrie par l'accumulation des arbustes qui parsèment la plaine, triste comme tous les lieux déserts, séduisante comme tout ce qui ne met à la pensée de l'homme pas plus de barrière qu'à la fantaisie de ses pas ou la hardiesse de ses regards; alors il s'imagine que tout cela se donne à lui et qu'il peuplera l'immensité.

La plaine sans fin est vêtue d'arbustes d'un vert si sombre qu'elle en paraît noirâtre. Les herbages ont disparu. Il n'y a, sur le sol plus pierreux, que ces taillis dont les chameaux, au passage, happent de leurs lèvres gourmandes quelques branchettes épineuses. Toujours, vers l'orient, quand il n'est pas caché par une ondulation du sol, s'entrevoit le Nil : une ligne seulement, très mince, un trait blanchâtre, très droit. Les chameliers marchent de leur pas régulier, le torse nu sous la grande écharpe flottante, la tête rasée et nue sous le soleil. Mais, aujourd'hui, trois d'entre eux portent les grandes épées dont ils se sont munis hier à leur hameau avant de poursuivre le voyage dans des pays qu'habitent d'autres tribus... Pendant des heures, nous traversons des taillis déserts... Tout à coup, quelques huttes apparaissent au milieu des buissons, auprès d'un puits. Aux abords de ce hameau, nous faisons la halte et, comme le thé se prépare, un homme vient à nous, une crotte de chameau séchée à la main, nous quémander du feu. Ainsi, au cours des deux jours passés dans l'autre hameau, je voyais, chaque matin, chaque soir, les femmes demander de hutte en hutte s'il restait au foyer quelques brindilles enflammées encore; d'une demeure à l'autre, on se passait le feu dans une coupe de terre, comme en ces temps reculés où l'on redoutait qu'en mourant la Flamme n'emportât dans une nuit éternelle toute joie, toute pensée, toute vie. Si les Arabes du Kordofan ne s'élevaient au-dessus de leur misère matérielle par leur croyance en Dieu, ils placeraient le Feu sur des autels, ils lui porteraient leurs adorations, ils diraient de celui qui l'inventa qu'il est un génie, un dieu ; ils lui dresseraient des statues, lui rendraient le culte des Grands Hommes; ils chanteraient les merveilles, les miracles de sa science, ils s'abaisseraient à cette misère intellectuelle des primitifs en voie de conquérir les forces de la nature et encore domestiqués par elles, qui est la misère intellectuelle des Primaires,si stupides de découvrir dans la nature et d'y conquérir des forces jusque-là insoupçonnées qu'ils ne peuvent plus concevoir d'autre adoration que celle de la Matière et des Grands Hommes. Les musulmans du Kordofan se servent du feu : ils ne le servent pas. Au moment du départ, un homme du hameau vient échanger avec mes chameliers de longs salams. Comme nous nous mettons en marche, il se porte en hâte au-devant de mon chameau, du doigt écrit sur le sable : « Au nom du Dieu tout-puissant et miséricordieux », et, pendant que nous défilons, je l'entends qui, demeuré en arrière, chante, appelant sur nous la protection divine, la première sourate du Coran, la *Fat'ha*, la prière dite cinq fois le jour : «'Louange à Dieu, souverain de l'univers...! »

... Après que longtemps nous avons marché dans la solitude et poursuivi dans la nuit notre route, des chiens aboient... Mais, au lieu de se diriger sur le campement inconnu que gardent les chiens vigilants, mes hommes font un large crochet et choisissent à l'écart, pour s'y installer, un vaste emplacement sablonneux et nu. Ils me disent : « Nous n'avons plus d'amis maintenant sur la route d'El Obéid et il n'y manque pas de voleurs. Toute la nuit, plusieurs d'entre nous veilleront... »

*
* *

Très avant le jour, nous reprenons notre labeur d'épuiser l'inépuisable plaine. Sous le ciel chargé d'étoiles, je me demande depuis combien de temps je vais ici, bercé par la bête laborieuse et lente; je ne sais plus si c'est une nuit qui commence ou si le jour doit bientôt venir...

... Le soleil se lève dans la pourpre glorieuse des couchants. Une dernière fois, s'aperçoit le ligne mince, si loin, du Nil. Nous nous en détournons pour nous enfoncer dans cette plaine dont on ne soupçonne pas qu'elle puisse quelque part finir, plus aride, plus déserte que jamais, en apparence boisée, au moins broussailleuse, par le rapprochement et la confusion, sur l'horizon, de tous les buissons très disséminés à sa surface. Tout de même, la solitude parfois s'anime : on croise quelques Arabes voyageurs, armés de lances et de javelots barbelés, ou quelques troupeaux de chèvres poussés par des bergers, qui portent aussi le javelot et la lance. D'aussi loin qu'on s'aperçoit, on s'observe; on passe les uns près des autres en défiance; et toujours quelques-uns restent un peu en arrière, aux aguets, comme pour protéger leur troupe contre une attaque soudaine. Et puis, aussitôt, c'est le silence de l'espace... quelques herbes déjà jaunies... toujours très espacés les buissons épineux qui s'entassent au loin, figurant des taillis épais... enfin, sur les sables, la nappe d'eau menteuse du mirage. Ainsi, tout le jour, sous un ciel ardent... Les heures les plus accablantes, nous les passons près d'un hameau misérable, dans la plaine dénudée, sablonneuse, où de petites dépressions gardent un peu de l'eau des marécages d'été, la seule que l'on ait à boire, une eau opaline, verdâtre, qui semble riche de tous les poisons. Mon angreb est posé à l'ombre d'un petit arbre mort où l'une de mes couvertures est accrochée; je la fais déplacer à mesure que se déplace l'ombre. Nous attendons que baisse le soleil qui fait tomber sur la plaine aride la chaleur lourde des temps d'orage. Quand il s'incline vers le bord de la terre, les bêtes sont chargées; elles se mettent en marché; mais, au moment où nous atteignons une petite hutte, la dernière, les cha-meliers aperçoivent, assis sur le seuil, un vieillard qu'entourent, de-bout, les hommes du hameau : jetant à terre leurs armes et leurs bâ-tons, ils courent à lui; il s'est levé, il a fait quelques pas très lents, il se tient droit, immobile; eux, fléchissant le genou, lui baisent la main et la portent à leur front, car il est le grand cheikh de tout le pays hassanié — leur pays — que nous traversons depuis Ondourman il est regardé comme un saint; lorsqu'il sera couché dans le tombeau, tous y viendront prier. Le vieux cheikh se tient très droit, le visage vers l'orient, les yeux au ciel, les mains tendues comme un livre ou-vert; mes chameliers se placent à ses côtés, les hommes du hameau derrière lui, et tous, immobiles dans la sculpture profonde de leurs draperies, les mains tendues en livre ouvert, ils disent avec le vieillard la prière, la *Fat'ha* : « Louange à Dieu, souverain de tous les mondes... », comme aux temps lointains où, dans les plaines de Chaldée, Abraham, sans lui associer le nom d'un imposteur, priait Dieu.

Jusqu'à la nuit, nous traversons des bas-fonds où l'eau des maré-cages n'a que depuis peu disparu; par places, l'eau croupie brille encore et, sur la terre mal séchée, le pied des chameaux laisse son empreinte. De grandes nuées sombres qui roulent sur l'horizon sont traversées d'éclairs; à ras de terre, le soleil verse sa lumière de sang; au-dessus de lui, plane un grand nuage comme porté par les stries de deux colonnes de pluie, sorte de porche géant dressé pour la gloire du soleil qui se couche. Mais notre ciel est pur, plus magnifique encore de sérénité par le contraste de ces très lointains orages; voici que la

ON CHARGE LES CHAMEAUX

LES CHAMEAUX CHARGÉS PRÊTS AU DÉPART

lune y brille et qu'une à une apparaissent les étoiles : c'est la nuit,
la toujours bienvenue. Deux fois, le chef chamelier perd la piste :
il disparaît alors en quête de la découvrir; nous attendons qu'il jette
le cri d'appel; les chameliers répondent; la caravane reprend sa course
dans la nuit blanche. Elle s'arrête pour son repos en un lieu désert,
dénudé, sablé de sable clair où nul ne pourra s'avancer sans être vu.
Les bagages sont disposés en cercle; je repose sur mon angreb, au
milieu; les chameliers s'allongent sur les caisses; les uns dorment,
les autres veillent.

*
* *

... Prêts à l'aube... La plaine est vêtue de grandes herbes jaunies,
parsemée de quelques mimosas épineux. Très près de nous, une gazelle
nous regarde passer, sans étonnement comme aussi sans crainte de
ces hommes dont elle se sait plus loin qu'à portée de javelot. A l'horizon, naît une colline, deux, trois collines, qui dessinent des dômes
minuscules perdus dans l'immensité de la plaine velue. Et comme la
plaine est traversée de petites ondulations bien juste assez profondes
pour cacher un âne, les dômes des collines à tout moment échappent
aux regards. Ainsi que les jours précédents, nous rencontrons sur la
piste un ou deux troupeaux de chèvres noires; et, en outre, quelques
voyageurs : des Arabes Baggara qui poussent leurs bœufs vers le
marché d'Ondourman, des gens à âne, de pauvres piétons, tous armés
de lances et de javelots barbelés. Lorsque la solitude à nouveau se
fait, on dirait quelque plaine aride de chez nous, aux abords de taillis
très pauvres, quand la terre se couvre d'herbes jaunes. Davantage
encore me croirais-je dans un coin perdu de mon pays, à cette halte
du milieu du jour, à l'abri de petits arbres plus touffus sous qui l'herbe
pousse, de la vraie herbe, de l'herbe verte, courte, à ras de terre, et
de vraie terre, de la terre brune, humide encore et fleurant bon l'odeur

de nos jardins. Les arbres sont très rapprochés, petits, les uns chargés
de bois mort, les autres de leurs feuilles qui semblent des lianes para-
sites; jetés là au hasard, pêle-mêle, avec leurs troncs tordus, leurs
branches en désordre, ils font songer à quelque vieux verger de chez
nous, depuis longtemps à l'abandon. Des corbeaux jettent leur appel
mélancolique, des ramiers sauvages redisent sans fin leur roucoule-
ment et il y a tant d'insectes dans l'air, d'oiseaux dans les branches,
de blancs flocons de nuages au ciel, que je me croirais au fond de quelque vieux jardin d'Occident, parfumé de l'odeur des feuilles mortes,
de l'haleine de la terre mouillée...

Mais voici venir mes hommes, le torse nu sous les draperies flottantes. Devant eux, ils poussent les chameaux; il s'apprêtent à leur
mettre le bât pour que, dans les steppes sans fin du Kordofan, la
caravane poursuive sa marche lente... A ce moment, un bruit sourd
se fait entendre au loin et grandit, s'enfle..., un voile gris court, rapide,
unissant à la terre le ciel chargé de nuages.... Les chameliers se jettent
à l'abri des caisses; je n'ai que le temps de m'envelopper d'une couverture : la pluie torrentielle noie tout. Quand, après dix minutes, elle
cesse, nous nous trouvons au milieu d'un petit lac sans profondeur,
une nappe liquide qui mettra plus d'une heure à disparaître. Je presse
le chef chamelier de lever le camp. Il répond : « Nous allons partir
maintenant. » Et il reste. J'insiste : les moustiques vont apparaître
à la nuit, apporter la fièvre si redoutable aux Européens. Un des
chameliers s'écrie : « Quel beau pays que le Kordofan! » Ils ont une
attitude quelque peu provocante, mes gens. Depuis hier, leur bagage
de politesses verbales, dont sont si riches les Orientaux, semble perdu.
Quand je donne un ordre, ils ricanent. Le chamelier affecté à mon
service se plaignait amèrement à ses compagnons, hier soir, du travail qui lui incombait par surcroît. Ils m'ont alors demandé, avec une
insistance trop manifestement impérative, un bakchich de 15 piastres
($3^t 75$) pour acheter un mouton; je l'ai accordé; après la brève étape

CHAMP DE DOURA AUX ABORDS D'UN HAMEAU

TOKOL (HUTTE) D'UN HAMEAU. — LE CHEF DE MES CHAMELIERS

de ce matin, ils ont acheté une chèvre, l'ont fait cuire, ont copieuse-
ment mangé, et leur repas paraît les avoir armés d'audace plus qu'en-
richis de reconnaissance. Au moghreb, le chef chamelier me déclare
qu'il faut attendre, pour partir, que la lune soit plus haute. Il s'é-
loigne. Je l'appelle pour lui exprimer mon mécontentement : il ne
vient pas. Et, derrière les caisses, groupés, les hommes ricanent.
Puis, ils recommencent à manger. Après quoi, très bruyants, ils disposent les bagages pour passer la nuit; ils plaisantent; ils semblent
heureux de ma déconvenue; le chef chamelier s'adresse ironiquement
à mon domestique : « Tu devrais maintenant lui préparer le thé! — Eh
bien! qu'il me le dise! » répond l'autre, d'un air de défi. Et il se rend
avec un des chameliers vendre au hameau voisin la peau de la chèvre.
Quand ils reviennent, ils chantent très fort, comme ivres d'avoir bu
du mérisse plus encore que leurs compagnons. Ceux-ci dorment déjà
d'un sommeil lourd. Mon serviteur, couché en chien de fusil sur une
caisse, chante encore. Son compagnon dit à haute voix la prière. Puis,
ils tombent dans le même sommeil pesant qui s'est emparé de toute
mon escorte. Je m'inquiète de cette troupe d'hommes qui ont dépouillé
le masque de leur âme ennemie et, presque toute cette nuit, je veille...

*
* *

« Au nom du Dieu de miséricorde et du Seigneur prophète! »
s'écrie mon serviteur Abd el Dafer, en se mettant debout. Il est 2ʰ 30
du matin. La lune a disparu du champ d'étoiles. Dans la nuit obscure
ne monte plus l'haleine humide et chaude de la terre. Mais, à la fraîcheur des approches du matin, des moustiques bourdonnent encore
leurs menaces. Tous les hommes sont éveillés et préparent les charges,
maladroits et lents, comme ivres encore de s'être abreuvés de mérisse
et gorgés de viande, la veille; et, malgré qu'Abd el Dafer répète très
fort, en faisant lever les chameaux, « Au nom de Dieu miséricordieux

èt de notre seigneur le prophète! » la besogne avance si mal que nous prenons la route seulement une heure et demie plus tard. Abd el Dafer ouvre la marche et, avec ou sans intention, conduit si mal ma monture qu'il manque de me faire déchirer le visage aux branches épineuses d'un mimosa. L'incident met en joie les chameliers. Mais, lorsque le jour éclaire ma figure mécontente, ils commencent à se contenir, songeant qu'ils pourraient perdre le bakchich promis par contrat pour le terme du voyage « dans le cas seulement où je m'estimerais satisfait ». Puis, de derrière un des petits arbres de la plaine immense, s'avance, pour contrôler caravanes et voyageurs dont la marche est signalée, un soldat, un seul, sans armes, un nègre qui a pour tout insigne le tarbouch et une écharpe rouge, et sa vue inspire aux Arabes de salutaires pensées : vraiment, le chrétien est maître de ce foyer de fanatisme islamique qu'était le Kordofan ! Quelques années seulement après la destruction de l'Empire mahdiste, un Européen peut y voyager seul, sans armes et sans rencontrer, après de longs jours de marche, plus qu'un soldat isolé et désarmé, qui suffit à assurer la police du désert.

... C'est toujours la plaine illimitée, avec, en un point de l'horizon, les trois collines en dôme apparues hier, mais grandies jusqu'à figurer des montagnes; on en voit même une autre entre deux d'entre elles et c'est à leur pied que nous comptons dormir la prochaine nuit.

La halte de midi se fait à l'abri de buissons comme il me semble en avoir vu quelque part chez nous, poussés en désordre, au hasard, ainsi qu'en un très vieux jardin abandonné. Entre leurs branches tordues au ras de terre ou qui retombent comme de longues draperies, la plaine s'aperçoit vêtue de hautes herbes jaunes comme des blés mûrs et semée de petits mimosas dont la silhouette ressemble à celle des pommiers. Des papillons blancs se poursuivent, des oiseaux confient au ciel leur joie, des pigeons sauvages de temps à autre s'appellent; les mouches, les insectes bourdonnent comme au cœur de nos

LE PUITS DU HAMEAU

DES INDIGÈNES TIRENT DE L'EAU DU PUITS

étés; le paysage familier s'anime en mon âme de visages qui sont
chers; je me croirais très loin d'ici si des hommes aux yeux durs, à
la bouche cruelle, armés de longues épées dont le fourreau s'élargit
en spatule, ne faisaient s'agenouiller les chameaux, préparant la caravane à poursuivre sa marche lente dans la plaine sans fin. Et comme
je ne les traite plus en compagnons de voyage, mais en serviteurs,
ils me servent, dociles.

... Lentement, nous avançons vers la montagne... Nous en attei-
nons le pied après le soleil disparu; et comme nous nous élevons sur
le soubassement du grand dôme qu'elle arrondit dans le milieu de la
steppe, il se fait, sous la clarté de la lune, un tel déroulement de lointains que l'on a peine à croire qu'ils n'épuisent pas l'univers créé. Et,
cette pente descendue, on devine, proche, une chaîne de collines basses,
on avance, des heures, au milieu des buissons... Tard dans la nuit,
l'étape.

*
* *

Au lever du jour, nous reprenons notre course dans la plaine
infinie. Derrière nous, s'éloignent et s'effacent les dômes des Monts
Tious et bientôt aussi la chaîne de petites collines. Dans cette étendue
plate, sans bornes, ces brusques mouvements du sol semblent anor-
maux, monstrueux, étonnent comme d'affligeantes difformités. D'où
viennent-ils? Comment? Pourquoi? Que font-ils là, apparus soudain,
comme des étrangers, dans la plaine? Loin de nos yeux, ces êtres
étranges! À nous, cette terre qui ne connaît d'autre obstacle que la
ligne inaccessible où elle se soude au ciel! Plus rien donc, devant nous,
maintenant, que l'espace, un espace vêtu de buissons, de broussailles,
toujours semblable à lui-même, toujours se répétant, et tant qu'enfin l'on se demande si vraiment l'on avance ou si l'on n'en fait que le
geste. De temps à autre, une petite mare d'eau boueuse, qui reste

des pluies récentes et pour un temps très court, et fait paraître plus aride, entre les herbes et les buissons, le sol sableux.

A la halte, le chef chamelier se taille une matraque dans une branche, car, sur la route qui reste à parcourir, il ne manque pas, dit-il, de voleurs. Et il fait emplir les outres à une mare voisine, parce que nous ne trouverons plus d'eau jusqu'au lendemain.

Longtemps après la nuit faite, sous la lumière douce de la lune, nous marchons. La plaine est complètement dénudée. Ce n'est plus, ce me semble, qu'une immense moisson d'herbe, à l'infini. Nous campons sur la piste même, car les herbes sont épineuses. Je dormais, quand un grand bruit de piétinements et de voix m'éveille en sursaut : à quelques pas de moi, un homme court, brandissant une lance dont le fer brille sous la lune; des bœufs aux cornes géantes le suivent dans le tumulte des herbes brisées; et mes gens crient : « Ya! Baggara! quel troupeau! combien compte-t-il de têtes? — Deux cent cinquante! » qu'il pousse des plaines du sud sur le marché d'Ondourman.

*
* *

... Je m'éveille dans la plaine, à perte de vue couverte d'une moisson de grandes herbes jaunes. Au petit jour, nous partons sur la piste que le pas des chameaux a tracée et qui marque de longues stries de terre rougeâtre dans l'infini de la moisson d'herbes séchées. De loin en loin, une sorte de genêt haut et maigre dessine la silhouette des pauvres cyprès piqués à la tête des tombeaux de nos cimetières. A l'infini de la plaine herbeuse, de distance en distance, il y a de ces genêts dont l'ombre est comme l'ombre des tombeaux. La plaine sans bornes est un cimetière peuplé de genêts sans fleurs, des façons de cyprès poussés à la tête de l'ombre des tombeaux, un cimetière immense comme le monde et où la multitude des morts a donné sa chair pour nourrir les herbes flétries. Les heures passent sans que l'étrange vision s'achève. Le soleil monte, mangeant les ombres. Toujours, à perte de vue, rien que la moisson déserte d'herbes rudes et fanées, l'infini de la plaine jaune piquée des arbustes des cimetières. Par moment, ces genêts deviennent plus nombreux, poussent plus haut; ils forment, au loin, presque une masse qui est comme la lisière d'un petit bois où l'on espère un peu d'abri contre le soleil et se disperse à notre approche comme s'évanouit l'eau mensongère des mirages : il n'y a vraiment que des genêts, piqués de place en place à la tête des morts dans l'épaisse moisson d'herbes brûlées. Tout de même, aux approches de midi, au loin, dans la plaine d'or, une sorte de grand fantôme blanc s'est montré comme la forme d'un homme de stature géante, et, très vite, il est apparu que c'était un Arabe monté sur son chameau et qui, couvert jusqu'aux yeux de draperies blanches, suivait à l'inverse de nous la piste rougeâtre tracée par le pas des bêtes dans l'illimité de la plaine dorée. Aussi, par deux fois avons-nous vu, immobile à peu de distance et curieuse des passants, une gazelle. Et quand enfin le soleil atteint le plus haut de sa course et que les premiers arbres épineux réapparaissent, nous nous arrêtons, très las. Il fait très chaud, bien que le vent souffle fort. L'ombre me vient plus d'une couverture tendue que des branches presque mortes d'un arbre, et le soleil semble travailler à dévorer ce peu d'ombre, à la déplacer pour qu'elle se projette de biais, plus rare, comme si, jaloux qu'on se soustraie à sa violence, il cherchait quand même à frapper. Et l'on m'apporte l'eau tiède des outres, puisée la veille à la dernière mare d'eau boueuse qui soit restée des pluies sur notre chemin.

A la nuit, nous atteignons les huttes, en forme de ruches, d'un village et un puits.

*
* *

Lentement, nous avançons à travers la plaine d'herbes jaunes où poussent de petits arbres épineux et de maigres genêts... Puis, c'est, à perte de vue, jusqu'à l'horizon, un champ de doura. Sur la piste, au milieu des touffes vert sombre, nous apercevons une interminable caravane, deux cents chameaux peut-être, qui bientôt nous croise : un détachement de soldats noirs change de garnison; ils marchent à leur guise sur les flancs de la colonne de chameaux; leurs familles — femmes et enfants — sont juchées, avec les provisions et le maigre mobilier, sur le dos des bêtes; on dirait l'émigration de plusieurs villages. Ils disparaissent derrière nous. L'immense champ de doura est traversé. C'est à nouveau la plaine d'herbes dorées, plantée de petits arbres épineux, de quelques genêts; on se croirait tantôt dans quelque lande, tantôt au milieu de champs de blés mûrs, piqués çà et là de pommiers. Et voici qu'apparaissent les huttes coniques d'un village, les maisons de chaume qui ont l'air de ruches, des femmes, le buste nu, qui attendent leur tour de tirer l'eau du puits; des enfants qui poussent les troupeaux de chèvres et de moutons, un soldat ceint de l'écharpe rouge qui contrôle au passage les caravanes. C'est alors la halte coutumière, les chameaux déchargés et laissés libres de chercher leur nourriture, les bagages à terre, l'angreb à l'ombre d'un arbre; près du tronc, les hommes creusent rapidement la terre en forme de T, le feu est allumé, le thé préparé; des indigènes, sortis de leurs huttes, se tiennent à une petite distance, dissimulent mal, sous une indifférence voulue, leur curiosité; des femmes viennent offrir du lait; elles emportent, pour la faire cuire, la farine de doura des chameliers; si je me lève, les enfants, pris d'effroi, s'enfuient.

La marche lente dans l'interminable plaine est reprise sous les rayons obliques du soleil. Depuis la courte pluie de l'autre jour, le ciel reste d'une incomparable pureté. C'en est fini des nuées, qui mettaient dans l'infini bleu l'ornement familier à nos pays, et aussi des orages qui jetaient sur l'horizon leur couleur d'ardoise et l'éclat des éclairs. Le ciel reste toujours très pur : il n'est plus que le champ nu où la fin du jour étale la richesse de ses nuances, reflets sans contours,

LA HALTE AU PIED D'UN BAOBAB

UN AUTRE BAOBAB
AUPRÈS DUQUEL NOUS NOUS REPOSONS

rose sans limite, bleu turquoise sans frontière, d'autres couleurs encore qui naissent et finissent on ne sait où et ne semblent avoir plus
de consistance que les songes. Déjà, la lune resplendit, haute dans le
ciel, et, dans le sillage du soleil, scintille une grosse étoile. Longtemps,
nous marchons dans la nuit fraîche, au milieu de bois assez denses
pour rétrécir à ce point notre horizon qu'il n'est plus qu'une grande
clairière se déplaçant avec nous; puis encore au milieu de la plaine
d'herbes blondes parsemée de genêts. Les feux d'un hameau mettent
des points rouges sous des arbres; on ne devine plus, à ses abords,
que des champs de doura, si loin que descende la clarté de la lune.
Et les bois recommencent : leur clairière renouvelée nous accompagne
jusqu'à ce que reviennent nous faire escorte les herbages desséchés
de la plaine sans fin. Le campement est installé sur la piste même;
les chameliers s'enroulent des pieds à la tête dans leurs grandes écharpes de toile écrue, se chauffent, avant de s'endormir, au feu qui flambe
dans le sol creusé en forme de T. Il fait froid. La saison sèche est déci-
dément commencée. Depuis la courte pluie d'orage de l'autre jour,
deux couvertures me suffisent à peine alors qu'auparavant je ne m'en
servais pas. Le thermomètre, qui marque 36° à l'ombre à 1 heure de
l'après-midi, descend à 18° aux approches du matin.

*
* *

Nous sommes debout à l'aube. Dans le trou creusé au milieu du
chemin, le feu jette encore un reflet rouge, entretenu par le veilleur
de nuit, et les chameliers, leur écharpe de toile grise plusieurs fois
enroulée autour d'eux, s'y réchauffent avant de charger leurs bêtes.
Il fait très froid... Mais ce n'est bientôt plus qu'un souvenir : le soleil
monte vite, il met sa lumière et sa chaleur sur la plaine... A perte
de vue la plaine... Vers le nord, à notre droite, se dessinent bien quelques petites montagnes en forme de cônes, mais si petites qu'on dirait

de très lointaines pyramides que les hommes ont dressées en manière de distraction, et d'un dessin si léger, d'une nuance bleutée si pâle qu'on croirait plutôt à un jeu de lumière, à un amusement de la nature dessinant là l'ombre des choses pour nous duper d'un nouveau mirage. Toujours donc la plaine que des jours et des jours de voyage n'épuisent pas : ici, vêtue de petits bois qui limitent étroitement notre vue et circonscrivent une clairière en voyage avec nous; plus loin, ne gardant que son infinie et stérile moisson d'herbes jaunes — des herbes minces, aiguës, rigides, armées de petites boules épineuses — avec, de loin en loin, le genêt qui a silhouette des cyprès de nos cimetières et dont l'ombre étroite ressemble à l'ombre d'un tombeau... Brusquement, surgissent des champs de doura, des ruches habitées par des hommes et tout un petit peuple assemblé sous un bouquet d'arbres : négresses et négrillons, angrebs et mobilier misérable, le feu des cuisines dans la terre creusée d'un T, des soldats noirs, cinquante chameaux, un petit détachement de troupes qui vient d'El Obéid et fait la halte à ce hameau. Vision aussitôt disparue ! La plaine nous a repris; elle nous enveloppe de son immensité fauve. Nous cheminons toujours, comme pris de la folie d'épuiser l'inépuisable et d'être à nous seuls le peuple de ce désert.

*
* *

Le jour suivant.

Toute la matinée à travers une sorte de forêt de petits arbres et de buissons épineux : ils ajoutent au sol toujours feutré d'herbes flétries la fourrure de leurs branches étroitement mêlées. Le chemin est large, sablé de sable roux : ses courbes en font une sorte d'allée perdue de parc anglais à l'abandon. Le bois, lorsqu'il est moins dense, s'achève par une espèce de pelouse qu'aucun jardinier n'entretient et dont l'herbe trop haute finit de mourir au soleil. Une seule fois, la forêt s'interrompt sur un côté du chemin et, dans cette coupure, se dispose le carré d'un énorme champ de millet : des tiges hautes et rudes comme celles des roseaux de nos étangs et portant un épi qui diffère seulement par sa couleur claire de ceux qui, dans les eaux mortes de nos pays, font si grande envie aux enfants. Le champ de millet, si vaste qu'il absorbe toute une portion de l'horizon, est désert comme la forêt. La forêt aussitôt recommence, plus épaisse. Les fourrés mangent même le chemin qui cesse d'être la belle allée de parc aux courbes élégantes pour redevenir un pauvre chemin sauvage, de forme irrégulière, imprécise, se défendant avec peine contre les empiétements du bois. Et c'est au moment où l'on se croit au plus profond de la forêt qu'elle fait place, soudain, à l'espce libre où s'étalent la petite ville de Bara et ses moissons. Les champs de millet s'étendent jusqu'à l'horizon qu'accuse le trait noir des bois. Au milieu des champs, se dressent une quantité de petits toits coniques, les toits de chaume noir des huttes en forme de ruche. Si l'on oublie deux bâtisses officielles, aux murs de pierre et aux toits de zinc, la ville est telle qu'on se représente les cités du plus profond du continent noir : des huttes pointues, une quantité de huttes en cône, des champs de millet, l'immensité d'une plaine sous l'immensité du ciel. Et c'est aussi le lieu de rencontre des formes architecturales familières aux peuplades du centre de l'Afrique et des formes en usage sur les confins nord du Soudan : en traversant Bara, je compte quelques maisons de terre brune, des maisons basses, aux murs inclinés, aux ouvertures étroites, silhouette des maisons de la Haute-Nubie, si voisines du type égyptien antique; le soûk abrite les boutiques sous l'ombre d'un auvent porté par des colonnes carrées, d'argile, tout comme à Ondourman, Shendi, Berber, El Damer, Abou-Hamed : légère concession au goût des contrées du Nord, contre quoi s'insurge la multitude des petites huttes rondes, coniques — d'architecture nègre — assemblées par groupes enclos de palissades d'épines séchées. Ces haies mortes dessinent des carrés réguliers que les rues séparent; derrière les clôtures, on aperçoit des enfants nus, curieux de la caravane qui passe, des femmes vêtues d'une courte tunique, vaquant aux soins du ménage, des hommes couchés sur leur angreb, à l'ombre, vivants témoignages de la rencontre de deux races, car ils ont très fréquemment le visage des Arabes et la chevelure crépue des nègres.

La ville traversée, nous rentrons dans la zone boisée : de petits et maigres taillis; des genêts épars dans des plaines d'herbes légères, presque blanches, comme des champs d'avoine; et, de nouveau, les bois au milieu des grands herbages, avec la large allée sablée de sable roux, l'unique allée aux courbes nombreuses qui se succèdent dans le parc abandonné... Le soleil se couche, l'étoile éclatante paraît dans son sillage et la lune, dans toute sa force et sa beauté, monte au ciel... Dans le milieu d'une large voie, le seul chemin d'un bois désert, sur le sable fauve, des chameaux agenouillés, des bagages en tas, des hommes qui dorment, un feu qui est près de s'éteindre...

*
* *

... La lune, dans toute sa force, est encore au ciel et, bien qu'approchant du bord de l'horizon, elle répand sur les bois épars dans les champs d'herbes folles, sur les chameliers qui mettent le bât à leurs bêtes, sur le feu qui finit de mourir au milieu de l'allée solitaire, toute la froide beauté de sa lumière blanche. Et, très vite, l'orient se vêt de pourpre. La caravane a repris sa marche parmi les maigres taillis épars dans les champs d'herbes légères, blanchâtres, qui tremblent au vent comme de folles avoines... Deux petits dômes de montagnes surgissent à l'horizon : infimes, bleutés, légers comme une vapeur, une illusion bien sûr, ou quelque chose comme des bosses de chameaux qui paissent dans l'irréel des lointains. Et presque aussitôt une autre difformité : une sorte de colline en pointe et à base très large, à pentes

LES PREMIÈRES HUTTES D'EL-OBÉID

VUE GÉNÉRALE D'EL-OBÉID

très douces; une vraie, celle-là, dont on précise la couleur brune,
dont on discerne qu'elle est piquetée de quelques arbres, et qui est
la voisine d'El Obéïd, terme de ce long cheminement dans la plaine
dont on n'épuise pas l'indéfini. En vue de la colline à la cime aiguë et
aux pentes très douces, près de baobabs aux troncs monstrueux,
nous faisons la halte de midi...

... La nuit nous surprend comme nous venons de dépasser la
montagne, la pauvre petite montagne perdue dans l'immensité plate;
et maintenant d'autres sont apparues à droite et à gauche de notre
horizon, petites, pointues ou soulevées en bosse, sortes d'épaves dans
l'océan sans bornes des steppes. L'étendue d'herbes et de buissons se
hérisse aussi de quelques grands arbres à tête ronde qui font penser
aux noyers de nos champs; mais, lorsqu'on en approche, on est surpris de l'épaisseur monstrueuse du tronc et des branches et du rare
feuillage, comme si, plusieurs arbres ayant fusionné troncs et branches,
un seul eût cédé les feuilles qui l'ornaient : rares baobabs perdus dans
la plaine, sans doute les témoins de quelque vaste forêt disparue.
Nous passons la nuit près d'une sorte d'étang, l'eau des dernières
pluies retenue dans une cuvette un peu profonde : un étang où des
arbres se baignent, où d'autres se penchent sur leur image, nappe d'eau
dormante bordée d'arbustes en rangs pressés. Quelle surprise, ce petit
lac comme on en voit chez nous, comme on les dessine dans nos parcs,
et qui tend à la lune son clair miroir !

***

Une dernière et courte étape de deux heures. Plus que jamais,
la plaine semble une image de l'infini. Les petits monts, minuscules,
isolés, ne paraissent placés là que pour faire mieux ressortir la puissance et la majesté incomparables de cette sorte d'océan immobile.
Une colline, très proche, avec ses trois arêtes, sa cime aiguë, la régu-

larité de ses pentes, ressemble à une pyramide construite de main d'hommes. Et ce ne sont bientôt plus qu'images oubliées : la plaine seule est devant nous, une immensité qui paraît déborder la terre sans qu'on y distingue rien que les quelques cimes rondes de baobabs isolés, et bientôt aussi une sorte de trait noirâtre : « El Obéïd! » crient les chameliers. Le cône aigu et blanc d'une mosquée se discerne le premier, puis le bâtiment en briques de la Moudiriyé (¹), enfin le trait continu, noirâtre, se hérisse de petites pointes à base élargie, les sommets en cône des ruches qu'habitent les hommes. Nous avançons au milieu des champs de millet et de doura. Leurs hautes tiges jaunies, froissées par le vent, laissent entendre un bruissement bref et rude. Les toits en cône, les toits de chaume noir des huttes font de loin figure d'une étrange moisson de plantes inconnues.

§ 2. — El Obéïd.

A un kilomètre du soûk (²), sont groupés les bureaux de la Moudiriyé, la poste, la demeure du gouverneur, les maisons des officiers anglais, les casernes des soldats et les huttes où habitent leurs familles. A l'autre extrémité de ce vaste espace vide, s'alignent les boutiques du soûk, abritées sous des auvents que supportent des piliers d'argile, et les quelques maisons de terre séchée où se logent les commerçants, généralement venus de Syrie, ou les fonctionnaires égyptiens. Au delà de ce quartier, s'étale la ville indigène : de larges voies droites la divisent en damier dont chaque carré est clos d'une haie d'épines sèches derrière laquelle les huttes s'alignent. Rares sont les passants dans les grandes rues sablonneuses et ensoleillées de la ville de chaume : ceux-là seulement qui sortent pour se rendre au soûk ou bien quelque

(¹) Bureaux et maison du *moudir*, du gouverneur.
(²) Marché et quartier commerçant.

part où leurs occupations les appellent. Parfois, près de la porte basse
d'une cabane de branches mortes, on aperçoit un enfant nu, une femme
vêtue, de la ceinture aux genoux, d'une tunique bleue ou rayée de
rouge, une fillette costumée d'une seule ceinture de cuir d'où pendent
une quantité de minces lanières. Mais, le plus souvent, rien : le soleil
dévore de ses brûlantes ardeurs la plaine sans bornes; à l'intérieur des
huttes de paille de *dockhn* (¹), chacun prend contre la brutalité de ses
rayons un abri nécessaire.

Toute la vie d'El Obéïd se concentre dans le soûk. On y vient
aux nouvelles et l'on y vaque à ses affaires. On y rencontre les rudes
habitants de l'intérieur, Baggaras des grands paturages du Sud,
Noubas de la montagne lointaine, qui portent les cheveux répartis
par petites nattes isolées, appliquées au crâne et dessinant d'avant
en arrière des courbes parallèles. Mais surtout on est étonné du nombre de soldats ou de *gafirs* (²) qui circulent par ces allées marchandes :
agents de la puissance invisible, des quelques Anglais qui vivent à
un kilomètre de là, — la tête qui sait et qui commande. Une douzaine
de fonctionnaires égyptiens leur servent d'adjudants pour surveiller la
ville; et les soldats sont partout, en nombre. La ville se tait, sous le joug.
Les musulmans dans leurs demeures de chaume se tiennent à l'abri
du soleil et des maîtres. Leur espoir est invincible : ils attendent
l'heure. Derrière les clôtures d'épines se groupent les ruches humaines,
les ruches noires. Et les rues larges sont un désert de sable et de soleil.

*
* *

Dix heures du soir... Rues désertes et demeures closes... La lune
promène seule sa lumière par les allées du soûk et sur la multitude des

---

(¹) Millet.
(²) Gardiens de police

chaumières coniques qui semblent les tentes d'un camp innombrable...
Mais de grands appels se font entendre, des cris prolongés et qui se
répondent de tous les points de la ville comme une sorte d'alarme
jetée de proche en proche : ce sont les gardes qui se protègent eux-
mêmes contre le sommeil et clament la sécurité de la nuit.

... La nuit est blanche de lune. Le camp innombrable est comme
désert, un camp de tentes de chaume qui abriteraient une armée
de morts. Le lugubre appel des gardiens de la nuit monte seul dans
El Obéïd où, solitaire, se promène la lune.

*
* *

...Aujourd'hui, à l'approche du moghreb (¹), un mouvement inusité
se fait par la ville. Chacun redouble d'activité pour achever sa tâche.
Déjà, des boutiques se ferment. Les larges voies qui découpent en
damier les groupes de huttes sont semées de turbans blancs. Derrière les
petites haies mortes, à la porte de leurs cabanes, les femmes et les
enfants hâtent les préparatifs du repas et, de toutes parts, des bruits
de voix s'élèvent. Sur la plaine où fuit la route interdite du Darfôr,
le soleil roule une boule sanglante. A l'instant où il disparaît, le canon
tonne : signal de la rupture du jeûne du Ramadan. Le ciel se tend de
pourpre. Puis, un voile d'or pâle est jeté sur les lointains où se perdent
les routes défendues de l'Occident. Vite, la nuit est faite. El Obéid
s'éclaire de grands feux : on brûle à cette heure toutes les herbes inutiles et les déchets du jour; sur le chaume noir des toits en pointe,
la flamme met comme un dernier reflet du couchant. Et voici qu'à la
nuit sombre le tamtam jette ses notes brèves, dures, précipitées, et
que d'autres peaux sonores y joignent leur claquement sec et hâtif.
Dans un quartier lointain, entre les haies d'épines sèches dont se clôt

(¹) Le coucher du soleil.

EL-OBÉID : INDIGÈNES ET LEURS ANES
TRAVERSANT UNE RUE

EL-OBÉID : UN OUÉLI (TOMBEAU D'UN PERSON-
NAGE CONSIDÉRÉ COMME SAINT PAR LES MUSULMANS)

un groupe de cabanes, le cheikh des dervouiches attend que tous ses affiliés répondent à l'appel des tambours. Il est assis sur un angreb et la lueur d'une lanterne éclaire son fin visage arabe; il porte une coiffe tressée d'étoffes multicolores et, sous le turban qui fait ceinture à ce bonnet, se dessine la ligne harmonieuse du nez et des yeux, la courbe d'une barbe rare. Un peu plus tard, on a pu, au loin, entendre les sons brefs et durs, précipités, des tambourins, se déplacer lentement, puis se fixer en un point de l'espace et, mêlés de voix d'hommes et de *you you* féminins, donner à la nuit emplie de lune la joie de leurs religieux concerts...

... Autour de deux lanternes, les babouches de cuir orange ou lie de vin sont amoncelées. Sur les nattes de paille, pieds nus, excités par le cheikh, par le redoublement d'ardeur des joueurs de tambour, par le *you you* glapissant de femmes invisibles, par la mélopée très douce et comme très lointaine de l'un d'eux, ils se contorsionnent de droite sur gauche, se renversent d'avant en arrière, sautant sur place, criant : « Allah! Allah! lah! lah! ouh! ouh! » pendant des heures. Sous la lune, leurs silhouettes délicates paraissent plus gracieuses encore : Arabes aux corps souples et fins, mains et pieds petits, chevilles et poignets menus; et des visages et des yeux dont l'expression de douceur, venue du croisement avec les races indigènes, devient, dans le délire religieux, comme la transfiguration de l'extase.

... Vêtus de robes blanches, sous la clarté de la lune et dans le silence de la nuit, ils crient, d'une voix toujours plus rauque : « Allah! lah! lah! ah! ah!... »

*
* *

Un coin du soûk à dix heures du matin.

Je suis assis sous l'auvent d'une boutique. Le siège est un petit tabouret dont les quatre pieds sont réunis par de nombreuses lanières de cuir entrecroisées. Le marchand est étendu à terre sur une natte de paille. Il a les traits réguliers et fins de l'Arabe, la barbe courte et rare ; son visage, presque noir, est éclairé par de grands yeux perdus en quelque rêve si vague que lui-même ne saurait le dire et dont ils se dégagent avec la rapidité de l'éclair si quelque passant lui demande un peu d'huile, ou du sucre, ou du sel, ou de ces graines assemblées par petits tas et offertes sur des morceaux d'étoffe, ou s'il pense que je suis enfin décidé à conclure pour un poignard du Darfôr le marché onéreux qu'il me propose. C'est la deuxième fois que je viens et ce ne sera pas la dernière : je veux son poignard et il veut trop de mon argent. De l'autre côté de la rue, dans l'ombre de leurs étroites boutiques, des Syriens habillés, à la mode de leur pays, de couftans très ajustés, poursuivent de lents pourparlers avec leurs acheteurs, gens des montagnes de l'extrême sud ou de la plaine, Noubas à la chevelure tressée suivant la mode égyptienne du temps des Pharaons, Baggaras venus en chevauchant leurs bœufs à bosse, sellés et chargés du bagage : ils marchandent le bois des lances et des javelots, l'étoffe des chemises et des écharpes, les colliers de femme. Sur la voie, passent des soldats en uniforme ou qui n'ont d'autre marque de leur état qu'une plume noire piquée au sommet du turban, des gardes de police ceints d'une écharpe rouge, des femmes portant sur la tête des vases de terre en forme de boule, des couffins, des fardeaux, leur enfant nu à califourchon sur la hanche ou attaché au bas de leur dos... Renversé sur sa natte de paille, près des petits tas de grains assemblés proprement sur des morceaux d'étoffe, l'Arabe est perdu dans quelque indéfinissable rêve. Et, rapide, son œil interroge. Je dis : « Demain, s'il plaît à Dieu de te rendre raisonnable. »

***

Un homme. — Sa grande écharpe de mousseline blanche bordée de

EL-OBÉID : ARABES VENUS DU DÉSERT AU MARCHÉ DE LA VILLE

UNE RUE D'EL-OBÉID : LES TOKOLS (HABITATIONS)

pourpre est jetée sur son corps comme une toge de sénateur romain. Posée sur ses épaules et tombant jusqu'aux pieds nus dans les sandales de cuir, elle s'orne de tous les plis que font les deux extrémités croisées sur la poitrine et rejetées comme deux ailes sur les épaules. Il a la tête nue, le front large et le nez droit, de grands yeux noirs, le regard dur, la bouche forte. D'un geste lent, cette statue antique s'anime : un des bouts de l'écharpe est retiré de l'épaule et la chute de ses plis réguliers touche terre. L'homme reste là, dans la pose d'un Cicéron muet. Son épaule de bronze luit sous le soleil.

Une enfant. — Elle se donne huit ans. Mais elle ne sait. Dans nos pays, une enfant de huit ans serait aussi grande. Mais celle-là est presque femme et tout à fait poupée. Elle se tient à la porte de sa hutte de chaume avec, près d'elle, de très jeunes fillettes et des garçonnets tout nus. Elle, son costume est une ceinture de minces lanières flottantes, des lanières de cuir teint en rouge vif et qui se noirciront à l'usage. Sur le corps gracile et d'une nuance très sombre est posée la plus jolie tête que des fils de la Grèce et de Rome puissent admirer : le front est droit, large; l'ombre des cheveux qui descendent bas, coupés à deux doigts des sourcils, ajoute à la beauté de grands yeux qui sont comme les sources d'une lumière mystérieuse; le nez est droit et court; les lèvres, tatouées de bleu, mettent un cadre épais et sombre au miroir des dents; l'abondante chevelure répartie en une multitude de petites nattes fait, aux côtés du visage, deux masses noires arrêtées net à hauteur du col, ainsi qu'il était d'usage dans l'Égypte antique. Je lui dis : « Viens dans mon pays ! » Mais elle fait : « Non ! non ! » Et, contemplant les huttes de chaume à toit conique, les haies d'épines sèches en bordure de la rue sableuse et, au delà, l'infini des plaines de son pays, elle leur sourit. Le soleil se regarde dans le miroir de ses dents encadrées de lèvres fleuries et il semble boire à la source profonde de ses yeux.

*
* *

Une nuit sans lune, sablée d'étoiles. La lueur des lanternes silhouette de blanc et de noir le cercle mouvant des dervouiches. Le corps jeté d'avant en arrière, d'arrière en avant, à chaque cri de « Allah ! » que pousse leur cheikh, ils répondent par un coup de gosier, un râclement de la gorge, une sorte d'expiration rauque qui tient du rugissement. Le cheikh hâte la mesure : les têtes donnent, plus rapide, leur coup de balancier ; le fléchissement des genoux active le rejet du corps ; les halètements râpeux se fondent en un seul rugissement, prolongé, puissant ainsi que la voix des fauves. Comme si le lion rôdait tout près, derrière le toit pointu des tokols, on n'entend rien que sa voix dans la nuit sans lune, sablée d'étoiles. « Allah ! commande le cheikh, et le rugissement lui répond, impérieux et solitaire dans le silence de la nuit. Les sons brefs et durs du tambourin scandent maintenant et précipitent encore le balancement des bustes. La lueur des lanternes éclaire un cercle de silhouettes blanches et de silhouettes noires qui s'agitent avec la fureur des possédés. Alors, le cri aigu des femmes invisibles s'élève, inattendu, dominant le souffle râpeux des gosiers et les coups hâtifs des tambours, et, presque aussitôt, cesse : on n'entend plus, dans l'immensité obscure de la terre et du ciel, que la voix des fauves... A ce moment, d'au-delà la haie qui borde l'autre côté de la rue, une femme crie : « Mais voyez donc ce chrétien ! Chassez ce chien ! » M'adressant à un dervouiche debout près de moi : « Va dire à cette femme que, si elle ne se tait pas, je lui donne du pied dans le derrière ! »

... « Allah ! » crie le cheikh, « Allah ! », hâtant la mesure scandée par les sons brefs et durs des tambours. Comme dans un sabbat de sorciers, le cercle de fantômes blancs et noirs est secoué par la fureur du délire. La nuit solitaire s'emplit de leur souffle.

EL-OBÉID : FEMME APPORTANT DE L'EAU

EL-OBÉID : FEMME ASSISE SUR SON ANGREB
(LIT SOUDANAIS) DANS LA COUR DE SA MAISON

§ 3. — Sur la piste qui mène au Nil Blanc.

Vers la fin de l'après-midi, les chameliers se décident à partir. Ils ne sont en retard que d'un jour sur le moment convenu. En vérité, c'est peu. Mais, comme rançon d'un pareil effort, ils s'arrêtent à moins de deux heures d'El Obéïd pour camper. La zône des champs de dokhn et de doura traversée, ils ont entassé les bagages sur le chemin. La plaine se déroule à nouveau, immense et solitaire, semée de broussailles avec, de loin en loin, un baobab à silhouette des vieux noyers de chez nous. Sur le cercle d'horizon, se profilent quelques petites montagnes isolées, façonnées en termitières que notre imagination grossirait. Le soleil disparaît dans un ciel sanglant. Et, vite, la nuit, les étoiles, l'obscurité, la solitude, le silence. La présence de ces chameliers assis près d'un maigre feu, leurs bêtes, les bagages, ces êtres et ces choses insolites en un tel lieu surprennent comme les petites montagnes perdues dans la plaine immense étonnent : l'infini de la plaine déserte et des cieux muets recouvre toute autre image, l'efface, l'absorbe dans son incomparable grandeur. Au déclin du jour, la plaine semblait dévorer la montagne; maintenant que la nuit est venue, il n'est point de feu qui puisse faire reculer les ténèbres, point de foule qui puisse emplir cette solitude, pas de voix qui puisse forcer le silence et monter jusqu'à la voûte du ciel. Nous sommes infiniment loin des hommes, des êtres, de tout, et comme suspendus dans un gouffre sans bornes où voyagent des univers dont la poussière épand au travers des hauts espaces une clarté si douce que, couché sur mon angreb, je suis tenté de me croire emporté par les songes dans une demeure mystérieuse où les hommes n'habitent pas.

*
* *

Cinq heures du matin :... la lune... un fragment de lune très haut encore dans le ciel... une poussière d'étoiles... un feu qui éclaire quelques hommes étroitement enveloppés de leurs écharpes de toile grise... Il fait très froid. On se croirait au plus profond de la nuit dans quelque pays du Nord... Bientôt, un coin de l'horizon s'empourpre. Les chameaux grognent. Les chameliers les chargent. Au jour, la caravane est en marche. Elle dépasse une petite colline, elle s'avance dans la plaine infinie que vêt le sombre manteau des buissons, solitude de broussailles d'un vert noir jetées au milieu d'herbes dont les épis forment comme une mousse blanchâtre. Quelques ondulations lentes du sol... une ou deux fois, au loin, un champ de millet, même les quelques toits pointus des tokols d'un hameau, à peine de quoi altérer, un bref instant, cette solitude qui recouvre tout...

Des heures ainsi, jusqu'à la halte habituelle du milieu du jour, sous un peu d'ombre, au bord d'une mare à demi desséchée, le peu d'eau trouble qui reste de la saison pluvieuse. De campements proches mais invisibles, des Baggara viennent en emplir les outres que portent leurs ânes; d'autres poussent à cet abreuvoir temporaire leurs vaches et leurs moutons. Deux d'entre eux, assis sur leurs talons, à l'ombre d'un buisson, ont tracé sur le sol une sorte de damier où ils manœuvrent des pions faits de petites baguettes; les unes, dépouillées de leur écorce, sont blanches; les autres, qui l'ont gardée, sont noires. Les deux joueurs portent les cheveux longs, répartis en une multitude de petites tresses rejetées en arrière. Ils me disent : « As-tu des allumettes à nous donner? Ce nous est bien nécessaire. — Comment faites-vous donc le feu? — En frottant très vite et très longtemps deux morceaux de bois. » Je donne des allumettes. Cette générosité est sue très vite des quelques Arabes éparpillés aux abords du petit étang et, de suite, éveille les convoitises : lorsque, peu d'instants écoulés, je monte sur mon chameau, un homme à barbe grise s'approche et me réclame 5 piastres (¹) pour l'eau que mes hommes et leurs bêtes ont bue. « Non ! jamais ! lui dis-je. Cette eau n'est pas à toi, mais à tous ceux du voisinage et à tous les passants. Et pourquoi n'as-tu rien demandé aux autres voyageurs qui se tenaient sous cet arbre et qui viennent de partir? » Sans dire mot, droit, hautain dans sa défaite comme dans ses prétentions, il s'éloigne. Il se souvient qu'il doit obéir. Le chrétien est le maître.

*
* *

Au lendemain.

Toujours l'étendue d'herbes jaunes plantée de petits arbres : des petits arbres chargés d'épines aiguës où seuls les chameaux ne déchirent pas leurs lèvres gourmandes, des herbes armées de boules épineuses que le vent sème sur le sable de la piste et qui s'enfoncent jusque dans le cuir des chaussures. Mais les chameliers, peu sensibles, s'enfoncent, jambes nues, dans cette inutile moisson et rarement, sur le chemin, s'arrêtent un instant pour enlever quelques boules d'épines piquées entre leur pied et la semelle des sandales.

Aux approches de midi, les quelques très lentes et très rares ondulations qui soulevaient le sol accentuent et hâtent leur mouvement, esquissant des ébauches de vallons, des dépressions juste suffisantes pour cacher un arbre : effort ridicule et vain, promesse trompeuse, qui fait paraître plus complet le triomphe de la plaine. Mais, au delà d'un plateau jaune des moissons de millet, nous ne cessons de monter et descendre à travers ces ondulations qui soulèvent transversalement tout le sol comme lorsque, s'éveillant après un long temps de calme, la mer se creuse et s'enfle. Dans la nuit, le tangage du chemin paraît grandir. Nous sentons de courtes descentes, de brèves

---

(¹) Un franc vingt-cinq centimes.

montées; nous devinons les arbres à la tache d'encre qu'ils forment sur le tapis moins sombre des herbes; nous supposons que nous nous élevons toujours, car, à tout moment, la frontière des étoiles trace autour de nous un cercle élargi et le froid augmente qui descend des abîmes d'en haut.

... Sur le chemin, les bagages sont posés. Du sable, s'élève la lueur d'un foyer. Elle éclaire mes chameliers qui, le buste et la tête étroitement enveloppés d'un lambeau de toile, chauffent leurs jambes et leurs bras nus. Ils sont assis sur leurs talons. Ils surveillent l'eau bouillante où cuit leur millet. En arrière, en demi-cercle, montent de l'ombre les longs cous blanchâtres des chameaux agenouillés et la flamme met un reflet sur leurs figures importantes et dédaigneuses. A les voir, pleins de morgue, l'air hostile et bête, immobiles et muets, on croirait qu'ils se prennent pour des juges et tiennent audience. Je me retourne sur mon angreb pour ne plus voir que les étoiles. Mais un bruit prolongé de mâchoires m'apprend qu'ils délibèrent et, leurs mauvaises odeurs, que jugement est rendu.

*
* *

Le soleil va se lever. Le froid est vif : 14° au lieu de 33° qu'il y avait hier à l'ombre après-midi. Les hommes gardent roulée autour de la tête et du corps la longue écharpe de toile qui seule les préserve des rigueurs des nuits. Et nous nous lançons à nouveau à travers les ondulations qui remuent la plaine. Le tangage des chameaux s'en accroît. Chaque fois que la pente est gravie, le même large horizon pose autour de nous son cercle lointain. Toujours s'y étale le même manteau d'herbes rousses piquées d'arbres vert sombre. Toujours la même solitude, moins altérée qu'accrue par la présence d'un champ de dokhn isolé, la rencontre rare d'un voyageur ou d'un troupeau, la

EL-OBÉID : LE SOÛK AUX GRAINS

EL-OBÉID : LE SOÛK (MARCHÉ) AUX BESTIAUX.
Au premier plan, un Égyptien et une Soudanaise qui, assise sur son angreb, tient par une
corde la bête qu'elle offre aux amateurs.

vue des quelques tokols d'un village, une solitude immense comme la terre et le ciel, mais soulevée par la large houle qui travaille la plaine.

A l'heure rouge du couchant, une ondulation plus puissante met devant nous comme une barre fixée aux deux côtés du ciel. Et lorsque nous l'avons gravie, c'est un infini lointain de plaines qui s'étale à nos pieds. Vite redescendue la haute vague semblable à celle que la mer jette sur nos plages et voici que, la terre ayant repris son équilibre, nous poursuivons sous les étoiles notre patiente chevauchée. La terre a retrouvé le grand calme des océans qui sommeillent. Elle n'est plus qu'un lac solide dont nul n'a connu les rivages. Sans doute est-elle sans bornes comme la coupole qui la coiffe et où des univers voyagent depuis des temps que l'imagination de l'homme n'épuise pas. Combien de jours ont passé et de nuits sans que nous ayons vu autre chose que cette frontière, que nul n'a saisie, de la terre et du ciel? El Obéïd était le rêve d'un instant de sommeil. Bien sûr, toute notre vie, nous avons, comme ce soir encore, posé des bagages sur le sable du chemin et, des étoiles, nous est descendu le repos.

*
* *

Au jour d'après.

Dans la plaine... Des herbes, toujours l'infinie moisson d'herbes épineuses et jaunes et, çà et là, les buissons vert sombre... Et puis, les champs de dokhn, les rangs réguliers d'épis de millet, une immense étendue de terre prometteuse de pain; bientôt, les cônes noirs des tokols du grand village d'Um Dam, ses deux puits où les gens et les chèvres et les caravanes se hâtent. Et cette vision passe, rapide. Il n'y a plus que la nappe rude et morte des herbes, les arbres épars, le silence de la plaine, la solitude...

*
* *

Un autre jour.

Le chemin sablé de sable roux court à son caprice entre les deux pelouses, sans limites, de hautes herbes chargées d'épines. Quelques arbres épars donnent, de loin, l'illusion d'un bois. Mais nul n'y pénètre jamais : sa lisière fuit sans cesse le voyageur; quand il approche, elle s'est dissipée en quelques arbres semés au hasard parmi les herbes chargées d'épines et elle s'est reformée plus loin, prometteuse et décevante.

Pour animer cet horizon, c'est, ce jour, une caravane de pèlerins de retour de La Mecque : de pauvres piétons, des nègres habitants des lointains pays du Sud, leurs femmes, de très jeunes enfants; tous portant leur petite charge, les hommes l'arc et les flèches, les femmes l'eau et le doura, les enfants, dans une enveloppe de cuir, une prière. Plus loin, c'est une lente caravane de marchands. Plus loin, un hameau. Puis, deux gazelles curieuses de notre passage. Et plus de lisière de bois menteuse. Les arbres disparaissent. Les buissons se font rares. Les genêts apparaissent, très petits et clairsemés. Enfin, ce n'est plus, sur la plaine, que le vêtement pauvre d'herbes courtes et rares. Si l'on n'apercevait les quelques tokols du village d'Hashaba, on croirait que même cette prairie misérable va finir...

Au village, nous faisons la halte du milieu du jour, et à l'abri de quelques tokols construits par le Maghzen (¹) pour le repos des voyageurs. Il existe cinq ou six de ces abris sur la route d'El Obéid à El Dueim. Je demande à mes chameliers : « Quel gouvernement préférez-vous ? Le Maghzen anglais? ou le Maghzen mahdiste ? » Ils répondent très vite : « Les Anglais! les Anglais! — Vous me dites cela parce que vous me savez d'Europe. Mais vous me cachez votre pensée. — Non! non! Les Anglais valent mieux que les Dervouiches! — Pourquoi cela? — Les Dervouiches étaient des assassins et des vo-

______

(¹) Le Gouvernement.

leurs. Ils tuaient les habitants et ils prenaient le doura, l'argent, les
chameaux. Aujourd'hui, nous travaillons en paix; l'on nous protège;
nous conservons notre bien. — Donc, essayé-je de conclure, les chrétiens valent mieux que les musulmans. — Non! reprennent-ils. Il
vaut mieux être musulman que chrétien. Mais le Maghzen chrétien
des Anglais vaut mieux que le Maghzen musulman des Mahdistes. »
    Soit! mais la supériorité du premier de ces gouvernements tient
en partie aux principes religieux qui l'inspirent.

*
* *

    Aux approches de l'aube, mes hommes s'éveillent : « *Bism'illah'ou
rassoûl!... Bism'illah! Bism'illah!...* Au nom de Dieu et du Prophète!
Au nom de Dieu! Au nom de Dieu! » C'est leur première pensée, leur
première parole, leur prière, et, debout, s'occupant de leurs bêtes, ils
disent, redisent dix fois, quinze fois, à très haute voix, l'invocation qui
résume, affirme et fortifie leur croyance.
    De la lune du Ramadan, il ne reste plus qu'un croissant très
mince dont la disparition, marquant le terme du jeûne, donnera le
signal des réjouissances du Béïram. Le croissant très mince s'efface
dans la pourpre du soleil qui se lève. Notre marche reprend par la
plaine. Toute la plaine n'est plus qu'un champ d'herbes flétries piquées de quelques genêts. Ces hauts genêts ont silhouette des cyprès
de nos cimetières et leur ombre met sur la plaine l'ombre des tombeaux.
Toutes les heures de ce matin, nous traversons, sans en deviner le
terme, cet étrange champ des morts. Il est vaste à le croire peuplé
de tous les peuples de la terre et il reste tant d'espaces vides entre
les genêts qu'il semble impatient de recevoir sous ses herbes mortes ce
qui reste encore ailleurs de vivants. Tout au loin, un petit tertre se
dresse comme le monument unique où reposerait le plus illustre des
hommes. Les chameliers s'écrient, joyeux : « Le Gébel Chué! », car

il marque le milieu du chemin sans eau qui va du puits d'Hashaba
au puits de Id el Ud. Et près du tumulus qu'ils appellent « montagne »,
à l'abri de quelques tokols édifiés pour ceux qui passent, nous attendons pour reprendre notre route que le soleil se soit incliné sur la
plaine d'herbes jaunes où les genêts figurent les cyprès des cimetières.

... Derrière nous, le ciel rouge du moghreb... Sveltes dans leur
robe fauve, les gazelles, en troupe, traversent, très près, notre piste :
dans les herbes, elles s'arrêtent, nous regardent... La nuit, peuplée
d'univers inconnus, presque aussitôt verse l'oubli sur la mélancolie
de la plaine où les tranquilles gazelles paissent à l'ombre des tombeaux.
A peine devine-t-on encore, à leur teinte plus sombre, les bouquets
de genêts. L'heure est à la fête que, chaque soir, la nuit nous donne,
s'illuminant de mondes inaccessibles. Et, comme chaque soir, les chameliers lui chantent leur joie de la tâche qui s'achève. C'est une sorte
de mélopée au refrain monotone dont ils marquent la cadence en dansant. L'un d'eux est seul, en tête, le bras levé comme pour soutenir
une amphore imaginaire. Derrière lui, sur un rang, les autres choquent
les paumes de leurs mains. Tous, chantant et frappant la mesure, le
buste jeté en avant, les épaules remontées, se laissent à chaque pas
comme tomber sur le pied qui heurte la terre. Puis, accélérant leur
marche cadencée, ils n'en marquent le rythme que de sons du gosier
qui semblent un aboiement rauque. Tout d'un coup, un cri aigu,
et leur joie chavire dans le silence. Plus tard, ils recommencent et
ainsi, par instants, refrains monotones, chocs cadencés des sandales,
aboiements d'animaux inconnus troublent la paix obscure où voyagent
les étoiles.

*
* *

Un jour encore étant passé...
Devant la caravane, s'ouvre une plaine d'herbes flétries où les
genêts mettent de loin en loin un petit bouquet immobile. Très loin,

EL-OBÉID : LE SOUK AUX GRAINS

EL-OBÉID. — LE SOUK : LE QUARTIER DES BOUTIQUES

sur la ligne d'horizon, un petit monticule règle notre marche. Et, plus tard, de petits arbres réapparaissent, une multitude de petits arbres, semblables à des pommiers dans un verger immense envahi par les herbes folles. De grands troupeaux de moutons y cherchent leur nourriture, poussés par des bergers armés de javelots et de lances.

A hauteur de la petite montagne et quand une autre apparaît sur le flanc opposé de la caravane, jalonnant sa route, les arbres disparaissent pour faire place, aussi loin que vont nos regards, à une prairie d'herbes blondes : pas un buisson ; une nappe d'herbes dorées où un troupeau de gazelles passe et qui, au bord du ciel, se frange des eaux tremblantes, des eaux menteuses d'un mirage.

Et tout est mensonge : la moisson blonde d'herbes inutiles qui semblait s'étendre à l'infini se traverse en quelques heures, un nouvel horizon se découvre où l'on devine quelques arbres, on atteint un champ de doura, indice d'un proche hameau, et l'on parvient à cinq huttes en forme de rectangle, faites de branchages et de toile, basses comme les buissons d'épines qui les entourent : elles dépendent du village d'Id el Ud, heureux possesseur d'une maré d'eau et d'un puits.

*
* *

Il fait nuit encore. Il nous reste à parcourir une dernière et courte étape d'environ une heure. L'aube nous dévoile une plaine illimitée, dénudée d'herbes, d'arbres, de buissons, et qui ne laisse pas soupçonner que le Nil coule en son milieu, séparant du Kordofan le Sennar. Averti de son voisinage, je ne m'étonne plus que, très au loin, s'élève au-dessus de la terre noire quelque chose qui ressemblait à la haute vergue en griffe d'une felouque. Aussi bien ne tarde-t-on pas à apercevoir les petites saillies que font au-dessus du sol les maisons d'El Dueim.

Au moment où le soleil s'élève au-dessus de l'horizon, j'atteins le terme de ma course, j'entre dans la ville toute en rumeur de joie pour le *Béïram*, l'*Aïd el Soghaier*. A midi, *Ramadân* va finir. Déjà, les tambours battent dans les rues; une procession de drapeaux verts parcourt le Soûk dont tous les portiques sont clos; on ne voit par les rues qu'une foule heureuse, vêtue de ses habits les plus beaux : turbans, gallabyehs, écharpes, blanchis et repassés à neuf. Ramadân va finir !

... A la nuit, l'appel des tambourins résonne : on danse à la clarté des étoiles et, un peu plus loin, groupés autour des lanternes, les dervouiches hurlent le nom d'Allah...

§ 4. — **El Dueim**

A peine l'aube... Je m'éveille à demi... Une voix me vient de par delà le mur : « Louange à Dieu, maître de l'univers ! » Sous le ciel encore brillant des milliers d'étoiles, s'élève la première prière du jour qui commence... Et, presque aussitôt, sonne la peau des tambours : travaillée par des baguettes agiles, elle dit à la ville que c'est grande fête et qu'il faut songer au plaisir.

La joie est si voisine des larmes que rien ne ressemble plus aux jours de tristesse que les jours de plaisir. El Dueim est en fête : on la croirait désertée. Les boutiques du Soûk sont closes. Dans les rues, personne, si l'on excepte quelques enfants, ou quelques passants qui se rendent voir leurs amis. Et la rive du fleuve est solitaire.

El Dueim se dispose tout en longueur au bord de l'eau; trois ou quatre rues parallèles au fleuve font toute son épaisseur. Une moitié de la ville est construite en limon et l'autre en chaume de doura; mais les tokols groupés par îlots sont ceints d'un mur de terre qui fait que les rues paraissent bordées de demeures à la mode d'Ondourman et de la Haute-Égypte; il faut quitter les rues régulières et monotones et pénétrer dans les îlots pour que le spectacle de la vie soudanaise vous redonne, plus pressant, le souvenir d'El Obéïd, la ville aux huttes en cône, qui est là-bas, vers le moghreb, au fond des plaines d'herbes blondes, sur les chemins qui conduisent au Darfôr interdit.

Vers le milieu de l'après-midi, à l'heure de l'*asr*, les tambours sonnent avec plus de force l'invite à la joie. De la grande cour de ma demeure, où laborieux fut de m'installer en ces jours de repos et de plaisir, je les entends clamer qu'il faut venir, et il s'y joint des chants et la rumeur d'une foule. Vite, mes blancs, amples, légers vêtements soudanais! la chemise ajourée, la *gebbah* qui dessine la taille, s'évase pour frôler la terre et dont les manches larges et longues couvrent les mains! aussi le turban noué de façon que ses deux extrémités s'étalent en éventail! enfin, la grande écharpe de mousseline écrue bordée de soie pourpre et qui, croisée sur la poitrine, flotte aux épaules comme deux ailes!

Dans la rue, entre les îlots de tokols ceints de murs de limon, la foule blanche entoure les danseurs, une foule très en liesse et qui a bu le mérisse. A peine m'a-t-il aperçu qu'un de ces francs buveurs se hâte vers moi et, baisant ma manche, dit : « Tu es un shérif! » Je réplique : « Et toi, un ivrogne! Va-t-en! »

Autour des musiciens, les couples tournent. Ils se tiennent à la taille; l'homme lève le bras dans un geste de triomphe; ils avancent très lentement par le travail rapide des pieds, une sorte de piétinement compliqué dont le battement hâtif des tambourins commande le rythme. Alors, l'assistance jette une note haute, les voix à l'unisson descendent lentement une gamme à chute rapide et qui finit en tristesse. Mais tous, cannes levées au bout des bras tendus, entament aussitôt un pas large, rapide, et, autour des musiciens, le défilé se déroule des couples bleus et blancs, la femme menue, modeste, timide dans ses voiles bleus, l'homme vêtu de blanc, l'œil en joie, le bras levé dans un geste glorieux.

Tout à côté, l'on danse, à la mode du Darfôr, une danse chantée. Immobiles, pressées l'une contre l'autre, étroitement enveloppées dans leurs voiles bleus, les femmes choquent la paume de leurs mains à la mesure ralentie d'un refrain monotone; elles chantent à mi-voix et leur mélopée semble un murmure voilé, lointain, très triste et très doux, comme, au fond des bois, l'appel gémissant des tourte-relles. Et, par contraste, devant elles, un homme et une femme, face à face, sautent, sautent, sautent, toujours plus fort, plus vite, plus haut, par bonds d'une telle souplesse qu'on dirait des marionnettes tirées par un fil invisible.

Dans un autre groupe, sur deux rangs qui se font face, hommes et femmes demeurent sur place, têtes et bustes immobiles, mais en grand travail des pieds agiles et du bassin qu'agite un mouvement continuel, compliqué, rapide et rythmé. Le tambour précipite la mesure, et le murmure chanté qui l'accompagne et lui réplique semble une protestation amoureuse contre cette hâte de finir...

La nuit est venue qui paraît redoubler l'ardeur au plaisir. Musique, chants et danses se poursuivent dans la tiédeur du soir et le silence des abîmes étoilés. Tout est contrasté : cette nuit qui semble faite pour élever l'âme et où se déchaîne la folie de toute une ville; le silence des plaines où s'élève une rumeur de joie; la musique violente, capiteuse, rapide, et les voix discrètes, lentes et douces; le rythme des tambours à tout moment rompu par les baguettes frappant à contre-mesure; la danse faite d'une hâte extrême qu'enveloppe de l'immobilité; les femmes pudiquement drapées de leurs voiles et dont les yeux brillent de désir sous le front chargé de bijoux d'or; une foule qui danse l'amour et qui n'est pas obscène et qui le chante comme une prière se murmure...

Ainsi sera jusqu'au milieu de la nuit. Et, bien que le soleil ne soit couché que depuis deux heures, le mérisse ajoute à ces contrastes celui, peut-être plus étrange, des soldats et gens de police atteints de son

EL-OBÉID : BOUTIQUES ET MAISONS EN PISÉ, DANS
LE QUARTIER COMMERÇANT. MARCHANDS SY-
RIENS DEVANT LEUR BOUTIQUE

EL-OBÉID : LE SOUK DES MARCHANDS

ivresse et mêlés à cette foule dont ils ont la garde. L'un d'eux tient
le tambour; un autre danse, ajoutant au rythme coutumier mille
excentricités dont il a gardé souvenir du temps où il habitait encore
au plus profond du Soudan inconnu. Celui-ci prétend qu'il est temps
de rentrer chez soi; il veut disperser un groupe qui en éclate de rire,
et lui, riant plus fort, commande la danse, bat la première mesure et
ouvre le bal. Un soldat noir, la poitrine chargée de décorations, sert
affectueusement la main de tous ceux qui passent. Deux gardes de
police dansent une figure de combat : se menaçant de leurs cannes, ils
s'avancent et reculent tour à tour, à la cadence des tambourins. Puis,
ils se disputent vraiment. Un effendi s'en mêle. Personne n'y comprend
rien. Mais cela dure une heure. Il y a, par moments, comme du désordre qui passe sur cette foule d'Arabes purs ou mêlés de sang noir et
où les jolis visages ne manquent pas; mais, nouveau contraste, c'est
du désordre qui passe, sans en causer. On me dit : « Ils sont tous si
contents! Pensez donc! ils ont bu pour deux sous de mérisse : c'est
assez! Voyez : tous ivres, tous heureux, pour deux sous! »

*
* *

... A l'aube nouvelle, les tambours jettent déjà leur appel à la
joie. Aux approches de midi, ils renouvellent leur invite. Et encore
après l'heure de l'*asr*. Sans se lasser, les Soudanais dansent. Ou bien,
dans les tokols où flotte un petit drapeau blanc, ils vont, pour deux
sous, boire le bonheur. C'est vers un tokol plus vaste que l'on me guide.
Ses murs circulaires sont en limon; un pilier de bois supporte, au centre,
le toit de chaume. Quatre ou cinq turbans y font société avec deux
tarbouchs d'effendis : administrés et administrateurs se sont mis d'ac-
cord autour d'un litre de cognac et de nombreuses coques de mérisse.
Ils trouvent bien juste leurs mots, restent assis pour ne pas perdre
l'équilibre et luttent encore avec succès contre le sommeil. Ils entourent

de soins fraternels deux amis plus accablés : l'un est à demi allongé sur un banc de terre; l'autre, affalé sur le sol, entoure d'un bras affectueux le litre de cognac presque vide. On leur soulève la tête, on leur fait boire l'ivresse comme on fait boire le lait aux petits enfants. Dehors, la musique fait rage, les voix murmurent un chant très doux et, sans presque bouger de place, danseurs et danseuses livrent leur ventre à une oscillation rapide, leurs pieds à un labeur opiniâtre. Leur joie est peu bruyante et ceux dont l'ivresse ne se dissipe pas en un tel travail glissent au sommeil. Heureux peuple d'enfants!

*
* *

Le quatrième jour d'*Aïd el soghaïer*.

Seulement vers le soir, les tambourins ont battu le rappel. Seulement à la nuit, les danseurs sont venus. Et pas nombreux. La lassitude de quatre jours de fête se fait sentir. Aux portes de la ville, des chanteurs, groupés en cercle, s'accompagnent en choquant les paumes de leurs mains et s'inclinent en mesure; leurs yeux brillent de plaisir; la lumière d'une lanterne accuse la finesse des visages sous l'ampleur des turbans. Non loin d'eux, on danse la *touza* : serrés autour des musiciens, hommes et femmes chantent à mi-voix une mélopée à gamme descendante; ils forment un grand cercle et, sur place, les pieds agiles travaillent avec ardeur pendant que les corps se balancent à un rythme pressé...

*
* *

La fête anglaise.

Toute la ville est pavoisée par ordre, par les soins et aux frais des habitants. Par ordre, ils se groupent sur la rive du fleuve pour rece-

EL-OBÉID : MARCHANDS SYRIENS ET LEURS BOYS SOUDANAIS
DEVANT LEUR BOUTIQUE

EL-OBÉID : MARCHANDS SYRIENS ET LEURS BOYS

voir le Sirdâr (¹), — tous ceux du moins qui ne sont pas aux champs à récolter le doura ou terrés dans leurs demeures. Toutes les boutiques du soûk sont closes, les rues absolument désertes, si bien qu'on pourrait croire que réellement toute la population s'est portée au-devant de son maître. Mais il n'y a pas 200 mètres de son bateau au Moudiriyé et il n'y a pas l'épaisseur de deux rangs de curieux de chaque côté de la moitié de ce chemin. Lorsque le Sirdâr descend à terre, un fonctionnaire se hâte de commander les cris de bienvenue, les acclamations, les *you-you* des femmes. A mesure que le Sirdâr avance, les rangs qu'il a dépassés se disloquent et se reforment rapidement plus loin pour combler le vide. Pendant la réception officielle au Moudiriyé, ce contingent de figurants est dirigé sur la grande rue du Soûk que le cortège doit parcourir; il y est réparti en trois groupes et, à mesure que le Sirdâr arrive à la hauteur de l'un d'eux, les indigènes en service commandé se joignent au cortège ou courent sur ses flancs ou le devancent pour se regrouper plus loin afin de donner l'illusion d'une ville qui n'est pas désertée.

Et, le soir, on ne danse plus.

Après le moghreb, un tambour cependant se fait entendre, mais le tambour de la nouba des dervouiches. Je m'y rends. Leur cheikh, m'apercevant sous les vêtements blancs flottants et le turban, se méprend sur ma qualité et vient à moi : « Que le salut de Dieu soit sur toi! » dit-il et il m'invite, après les formules habituelles de politesse, à prendre place sur une peau de chèvre, près de lui. « Quel est ton pays? me demande-t-il. La Mecque? — Non, je suis Maghrébin (²). — Et moi aussi. — Vraiment? Et de quelle ville? Fez? Marrakesh? Alger? Tunis? — Mon père est venu de là-bas. Mais moi, je suis né en Égypte... Et quel est ton nom? — Abdallah, Serviteur de Dieu. — Tu viens de Khartoum? — Oui. — Et où vas-tu? —

(¹) Le chef suprême du Gouvernement du Soudan
(²) Habitant des pays du couchant.

Par là, dans le sud, bien loin... s'il plaît à Dieu... » Deux dervouiches
surviennent, répondant à l'appel que ne se lassent pas de battre les
tambours, et, ayant baisé la main du cheikh, ils s'inclinent encore et
me baisent la main. Quand je me lève pour prendre congé, avant
que leurs exercices pieux commencent, nous échangeons la parole religieuse d'adieu, nous disant l'un à l'autre : « Va par les sentiers du
salut ! »

*
* *

A peine l'aube et voici que, de par delà le mur, une voix me vient
qui prie : « Sois loué, Seigneur, maître de toutes choses !... Toi seul, toi
seul es grand !... » La première prière du jour qui commence à peine...

La petite ville a repris son aspect habituel des jours de labeur.
Toutes les boutiques du Soûk sont ouvertes. On y travaille en silence
et les clients, assis sur le seuil, parlent bas. A l'abri du soleil sous l'auvent que supportent des colonnes d'argile, un marchand ami et moi
nous causons : « Oh! oui, me dit-il, tout était mieux au temps du
Mâhdi, car on ne buvait pas le mérisse dont les Soudanais abusent
tous les jours; pas de ces danses licencieuses des dernières fêtes; pas
de dervouiches hurleurs; la prière seulement, la prière, comme au
temps de Mohammed... » Un autre marchand ami m'invite à m'asseoir sur son angreb, devant sa boutique, à l'abri du soleil, et il me dit :
« Répète avec moi que Dieu seul est Dieu et Mahomet son prophète. »
Je réponds : « Avec toi, bien volontiers, je répète qu'il n'y a qu'un seul
Dieu. Mais je ne puis dire de Mahomet qu'il est prophète de Dieu. »
Alors, lui : « Au temps du Mâhdi, tous ceux qui ne voulaient pas dire :
lâ ilâha ill' Allah, Mohammed rassoul' Oullah, avaient la tête tranchée. —
Le Mâhdi était un assassin. Où est son âme, Dieu le sait. Mais tu sais
où est son corps? — Oui, dans la terre, sous la koubba que les fidèles
lui ont bâtie à Ondourman. — Comment! tu es ignorant à ce point !...

ARABES SUR LE BORD DU NIL BLANC, A KAWA

EL DUEIM SUR LE NIL BLANC
MON BOY DANS LA COUR DE MA MAISON

Écoute : lorsque les Anglais eurent battu les mahdistes et pris leur capitale, ils firent de la koubba une ruine, ils retirèrent de son tombeau le corps du Mâhdi, qui était un tueur d'hommes, et ils le jetèrent dans le fleuve! » L'Arabe pousse un « Oh! » d'horreur, tourne la tête vers la Moudiriyé et plusieurs fois crache dans sa direction. Puis, tristement, il reprend : « Si tu disais que Mahomet est prophète de Dieu, tous ici en seraient bien heureux; tu serais parfait et, à cause de toi, de ta barbe, du turban qui te va si bien, de ta blanche gebbah, de ton écharpe bordée de soie rouge, de soie des Indes, nous ferions de toi notre cheikh, tu serais honoré à l'égal d'un shérif... »

... Après le coucher du soleil, à l'heure de l'*aché* (¹), comme, étendu sur mon angreb dans la cour de ma maison, ayant pour ciel de lit le ciel voûté d'univers, je regarde briller là-haut les étoiles, une voix me vient de l'autre côté du mur, qui dit : « Louange à toi, ô Dieu, souverain du monde!... Toi seul es grand!... » une voix qui dit la dernière prière de ce jour.

(¹) Deux heures environ après le coucher du soleil : alors, doit être dite la cinquième et dernière prière de chaque jour.

CHAPITRE III

SUR LE NIL BLANC

---

§ I. — En remontant vers Kodok [1].

la nuit, la voile est tendue. Le massif bateau, quittant le rivage d'El Dueim, commence à remonter le fleuve...

De longs pourparlers ont précédé ce départ. Pendant plusieurs jours, j'ai discuté le prix, le choix de l'embarcation et de l'équipage. La rapacité et la mauvaise foi des Arabes ont retardé mon départ. Contrat signé, il m'a fallu attendre plus d'un jour encore la fin de leurs préparatifs et leur bon plaisir.

Enfin, tout de même, nous partons. Le bateau, large et court, fait de l'assemblage de lourds madriers, est poussé par le vent du Nord sur le large Nil. La lune brille sur ses eaux. Une sorte de haie d'arbustes marque la ligne du rivage et, comme les sinuosités du fleuve lui tracent de toutes parts cette frontière, on ne sait plus vraiment s'il existe quelque issue, si l'on navigue sur un fleuve ou si l'on parcourt un lac. Des traînées de terre nue émergent çà et là et aussi des bouquets de grandes herbes : les eaux sont en décrue et, très vite, le

(1) Fachoda.

fleuve rentre dans un lit plus étroitement mesuré. L'eau, les rives vertes et basses, la lune brillante, les étoiles, le sommeil...

* *

Quand vient le jour, la felouque est aux approches de Kawa. Le Nil, encombré d'îlots de roseaux, n'offre plus que l'aspect d'un étang mal défini. De pauvres maisons de boue séchée s'alignent le long d'une grève. Trois ou quatre bateaux, amarrés là, sommeillent. Et la petite ville n'est qu'un amas de misérables huttes de chaume autour d'un soûk très pauvre. Mais le reïs et les matelots comptent ici des amis. Ils disparaissent, laissant à l'amarre le bateau et le voyageur. Quand, par hasard, l'un d'eux apparaît, il repart aussitôt à la recherche des deux autres et ne revient pas. Ce petit jeu dure une grande partie du jour. La menace de la police et de la suppression du bakchich y met terme aussitôt. Ils se retrouvent tous en cinq minutes. Et le bateau part. Il est quatre heures du soir.

C'est un chenal étroit et sinueux que la felouque remonte, une sorte de rivière bordée de joncs et déserte. Les rives sont à fleur d'eau. Elles émergent de la hauteur seulement des joncs qui les garnissent. Et ce sont des rives désertes d'où ne s'élève que le cri des canards sauvages, l'appel des oiseaux, où perchent de grands échassiers immobiles et songeurs; des rives menteuses qui souvent se rompent, laissant voir derrière le rideau des joncs l'eau endormie dans un cadre plus lointain de verdures basses. C'est comme une grande plaine d'eaux et de roseaux d'où ne monte vers le ciel que le cri mélancolique des oiseaux sauvages.

Puis, la rivière s'élargit. La lumière du jour coule sur ses eaux incolores. Sur le rivage de l'est, qui est celui de la Mésopotamie des deux Nils — Gézireh, l'Ile, comme les Arabes du Kordofan et du Sen-

ARABES TRAVERSANT LE NIL BLANC

ASPECT GÉNÉRAL DES RIVES DU BAHR EL ABIAD (NIL BLANC) :
JONCS ET PAPYRUS DES MARAIS QUI LE BORDENT

nâr l'appellent — quelques champs de doura, la plainte d'une sakkiyeh, les tokols d'un hameau, font un contraste étrange avec cette immense solitude qui monte de la terre et du fleuve et qui descend du ciel; ils font paraître plus réfractaire aux travaux transformateurs de l'homme cette rive du couchant où d'épais taillis mettent du mystère et qui est celle du Kordofan qu'habitent les Arabes pasteurs.

... Sur les eaux incolores du Haut Nil, qu'encombrent les îlots de joncs, glisse la lumière affaiblie des fins de jour. Le fleuve est rétréci par le rideau de roseaux qui simule un rivage; il n'est plus qu'une rivière désertée par les hommes; son chenal est étroit et sinueux; la ligne de verdure basse met un trait continu sur tout l'horizon; on ne sait même plus si l'on navigue sur un fleuve, sur une rivière, ou si c'est un lac, une lagune, que l'on parcourt. Le soleil s'est enveloppé d'or pour disparaître au delà des fourrés épais qui bordent ces rives du Kordofan aux steppes parcourues par de rares Arabes pasteurs... Sur les eaux du Haut Nil, sur les eaux couleur de nuit, la lune, très large, déverse sa clarté blanche...

*
* *

L'aube blanchit le ciel au-dessus des toits en ruche d'un grand village, un village de cultivateurs qui semble plus vaste que la petite ville de Kawa et devant lequel, cette nuit, nous nous sommes mis à l'amarre. Déjà, l'on s'y éveille, les hommes font au bord du fleuve leurs ablutions matinales, les femmes y viennent puiser de l'eau. L'un des bateliers est originaire de ce pays qu'habite sa famille et où il a sa maison. Le reïs y connaît des amis. Et les voilà partis encore pour voir parents et camarades; pour acheter des vivres, les leurs, les miens; à la recherche aussi de baguettes flexibles pour façonner l'abri en forme de berceau sous lequel je me tiendrai, protégé du soleil. Jusqu'à midi, nous restons ainsi à l'amarre entre deux petits îlots chargés de joncs épais.

Puis, la felouque massive est poussée par le vent à rebrousse-fleuve. Le Nil est comme une rivière semée de bouquets de verdure : îlots flottants de roseaux, corbeilles de joncs, que le courant pousse, que le vent repousse et qui, pour un temps, demeurent sur place comme s'ils étaient fixés au fond ; d'autres vont s'échouer sur les rives et en défendent les abords, façonnant un rivage trompeur. Le Nil blanc est comme un lac encombré de roseaux. Des forêts descendent boire à ses eaux tranquilles. Soudain, un mufle noir et luisant émerge du fleuve, à la proue du bateau, souffle à grand bruit et plonge dans une cascade d'eaux ruisselantes dont les remous meurent aussitôt, pressés par l'épaisse nappe liquide qui sommeille. Un peu plus loin, l'hippopotame reparaît, renifle et replonge, effrayé par les cris que lui jette le reïs qui redoute que le massif animal soulève sur sa puissante encolure la felouque et la retourne. Le silence, à nouveau, reprend sur la solitude d'eaux et de joncs son empire. Entre les roseaux et les forêts, le *Bahr el Abiad* (¹), coupé d'îles, se prolonge comme une rivière sans ampleur. Du milieu des joncs, monte le cri des oiseaux sauvages, le coassement des grenouilles. De grands oiseaux, noirs et blancs, frangés de rouge, y promènent leur fière aigrette. Aux abords des corbeilles de roseaux échouées le long des marais, on entend parfois un froissement d'herbes suspect ou le choc d'un corps dans l'eau, qui accusent la fuite des crocodiles. Comme une modeste rivière, le *Bahr el Abiad* se prolonge maintenant entre le Kordofan et un autre rivage qui n'est plus celui de Gézireh, la Mésopotamie des deux Nils, mais celui de l'île d'Abba qu'il nous faut côtoyer durant plus d'un jour.

... Sur les eaux couleur de nuit, la lune, très pleine, laisse couler

____

(¹) Fleuve Blanc, nom arabe du Nil Blanc

une clarté très douce et, dans les touffes de joncs, les bouquets de roseaux, des insectes phosphorescents criblent de lueurs rapides l'ombre épaisse.

*
* *

Poussée par le vent qui prend toute sa force au coucher du soleil, la felouque s'est amarrée après minuit devant la ville de Goz Abou Gouma. A l'aube à peine, la voix du moueddin est venue jusqu'à moi : au fleuve solitaire, à la ville silencieuse, à la barque de passage, aux étoiles qui brillaient encore, elle a dit le mensonge de l'Islam, et mes bateliers, s'éveillant à peine du sommeil où les avaient jetés le mérisse de la veille et le travail de la nuit, n'ont, pas plus que les jours précédents, récité la prière qu'ils semblent avoir oubliée. Ils sont descendus à terre et j'attends qu'ils reviennent du soûk et bien sûr aussi de quelque tokol qu'ils connaissent et où se boit le breuvage interdit. Ils ne regagnent la barque que pour repartir aux provisions; ils s'y attardent de leur mieux et, quand il semble que tout est prêt pour le départ, c'est le pain dont il faut attendre encore que la cuisson s'achève. Enfin, vers midi, la barque recommence de remonter le Nil. La petite ville de Goz Abou Gouma, plus petite et plus misérable encore que Kawa, s'efface et disparaît derrière les arbres et les roseaux. L'île qui rétrécissait le fleuve s'achève. Le *Bahr el Abiad* s'étale en une grande nappe d'eau sans couleur, bordée sur tout l'horizon par la ligne ininterrompue des arbres et des joncs. Près des rives, flottent les feuilles rondes et les fleurs des nénuphars. Sur les îlots flottants, fleurissent des volubilis roses. Déserte est la plaine d'eau et, de toutes parts, enclose par une haie vert sombre.

Mais le vent nous prend de flanc, nous pousse par le travers du fleuve et nous jette à l'autre rive dans son épaisse bordure d'îlots vagabonds. Après avoir longtemps manœuvré à la perche, nous dégageant, nous échouant à nouveau, nous finissons par saisir un souffle favorable. Mais il nous faut six heures pour atteindre la petite ville d'Abbassiah qui, par bon vent, est à une heure de Goz Abou Gouma. Et, tout vent cessant, il y faut rester à l'amarre.

****

Aux approches de l'aube, un vent favorable s'étant élevé, nous pouvons repartir, mais pour nous résigner bientôt à rester encore à l'amarre, car le vent se reprend à souffler de l'est. Afin de n'être pas, comme la veille, jetés et immobilisés dans les herbes flottantes qui tapissent la rive Baggara, nous attendons un changement d'humeur du vent tout contre un hameau où deux Chillouks sont venus, sur une pirogue légère, commercer. A la mode du pays arabe où ils voyagent, ils se sont drapés d'une écharpe, mais ils apportent au pays de Gézirch l'originalité de leur coiffure : cheveux en crête de casque ou façonnés en chaperon à larges bords; leurs bras sont cerclés de fils de cuivre et de larges anneaux d'ivoire. Ils ont capturé un crocodile et ils le dépècent pour se nourrir de sa chair. Les musulmans du hameau regardent ces païens à peine vêtus en ne dissimulant pas plus leur dédain que n'ont coutume de le faire les « civilisés » à l'égard des « sauvages ».

Midi approche. Le vent vient du nord. La felouque, dans un gargouillement continu des eaux, remonte le fleuve désert. Elle court tout contre les îlots flottés qui font entendre sur ses flancs un froissement dur. Toutes ces corbeilles de joncs, comme disloquées par le mouvement de l'eau, montent et descendent par places, au gré du souple enlacement des racines. Sans cesse, elles sont couchées par la course du vent et soulevées par la respiration des eaux. La felouque, active, frôle la poitrine velue du fleuve. Tantôt rétréci par les îles, tantôt largement étalé entre ses bords, toujours cerclé de verdure sur

MA FELOUQUE AMARRÉE AU RIVAGE DU FLEUVE,
EN UN POINT D'ATTERRISSAGE

DENKAS RENCONTRÉS LE LONG DES RIVES
DU NIL BLANC, PRÈS DE MELLUT

tout l'horizon et sans forme définie, le fleuve semble ou le coin d'un
étang ou bien un vaste lac. Jamais il ne s'allonge en avenue d'eau;
il ne révèle jamais son issue; il est une plaine mobile semée de bouquets
de roseaux et dont la frontière de forêts, dans sa fuite perpétuelle,
ne peut être plus saisie que l'illusion des mirages.

Sur ce désert mouvant apparaît une pirogue étroite. Quatre
Chillouks la montent. Voyageurs hardis, ils s'aventurent loin de leur
pays que nous ne connaîtrons sans doute pas avant six à huit jours.
L'un, debout à l'avant, manœuvre une longue perche. Un autre vide
la barque de l'eau dont elle s'est chargée. Et deux, assis à l'arrière,
plongent d'un côté et de l'autre une courte rame en forme de cuiller.
Leur coiffure en crête de casque antique dessine le profil arrondi du
crâne. Vite, ils passent et les eaux, verdies de joncs, retombent à leur
solitude immense. De grands arbustes, fleuris de jaune, s'y baignent.
Sur leurs branches à fleur d'eau, un petit crocodile, qui n'a pas eu
le temps de s'enfuir, le premier que je vois depuis que je voyage sur
un fleuve qui en est infesté, se chauffe au soleil comme un gros lézard
vert. Plus loin, de grands échassiers reposent sur la tige flexible des
joncs. Des herbes couchées accusent le passage des hippopotames. L'un
d'eux, au milieu du fleuve, émerge de tout son mufle noir qui renifle
à grand bruit. Des canards s'enfuient au ras de l'eau. A notre approche, peureux et rapides, des crocodiles plongent... : une solitude où
vivent les choses inanimées — l'eau, le vent, l'espace; et aussi les plantes
et les bêtes...; une solitude immense, car il n'y a pas l'homme.

Aux approches du moghreb, les trois montagnes de Gebelein
surgissent à l'horizon. Tout le ciel est cerclé, à sa base, d'une bande
de nacre rose. Des nuées de très petits oiseaux noirs se poursuivent,
nombreux comme une armée de sauterelles. Près des grandes herbes,
près de nous, un hippopotame se baigne sans frayeur, renifle, plonge,
reparaît. Le vent n'est plus qu'un souffle et le fleuve, dans le cercle
de sa sombre verdure, un lac qui s'endort. Comme la lune tarde à

paraître, une obscurité profonde couvre bientôt la surface tranquille des eaux et les rivages. De temps à autre, on entend la respiration bruyante et la plongée d'un hippopotame. Des insectes phosphorescents allument leur lueur rapide dans l'épaisseur des herbes. Des milliers d'insectes stridulent sans relâche. Les moustiques bourdonnent autour de nous...

*
* *

Après que la felouque eut marché une partie de la nuit, le vent l'abandonna le long de la rive déserte : une nuit toute emplie du bourdonnement des moustiques. Mais, à plusieurs reprises, un bruit nouveau a dominé tous les murmures de la solitude : le mugissement d'un buffle dans un fourré voisin. On l'entend encore aux premières lueurs de l'aube. Le jour naissant éclaire un rivage couvert d'une impénétrable broussaille. Nous y pouvons cependant descendre et faire quelques pas sur un petit coin de terre dénudée de buissons; il y pousse une herbe courte et jaunie, couchée par endroits, piste suivie par les animaux, la nuit, lorsqu'ils descendent boire aux fleuves. Ces sortes de sentiers se perdent dans les inextricables fourrés qui interdisent de s'éloigner du Nil. Et l'air reste imprégné de la forte odeur des animaux sauvages. On ne voit pas un être vivant, mais on entend les mille bruits de ce désert empli de vivants qui se cachent : froissements d'herbes, stridulences d'insectes, oiseaux qui crient comme les enfants en larmes, qui roucoulent comme les colombes, qui chantent comme nos rossignols, qui sifflent comme nos merles, qui piaillent comme nos moineaux ou qui égrènent des « cou!... cou!... cou!... » dans une gamme descendante, pleine de mélancolie. Sur le fleuve courent des reflets d'or pâle et de vieux rose. Des corbeilles de joncs, flottées par les eaux, descendent avec lenteur le courant. Très proches, les montagnes de Gebelein dominent la plaine d'eau et les forêts impénétrées.

Vers seulement 8 heures, le vent se remet à notre service. Il nous pousse vers les monts Gebelein par le chemin d'un fleuve aux frontières bien dessinées. Les deux rives sont garnies d'un épais feutrage de hautes herbes, sorte de prairie fluviale charriée par le courant le long des berges et abandonnée aux abords de la forêt. Le Nil, forcé à un brusque détour par la barrière transversale du Gebelein, ne reprend que plus haut la belle ordonnance de son cours. Les trois montagnes forment de hautes masses rocheuses et nues, hérissées de gros blocs dont l'amas fait étrange figure dans ce cadre de plaines d'eaux, de roseaux et de bois. Elles surgissent d'un seul coup, sans que rien en prépare l'apparition, tout comme celles qui, plus bas, accusent la présence de cataractes; les unes et les autres, derniers restes de barrages naturels que le fleuve a forcés, mais qui l'ont contraint à un détour où l'on peut voir comme un hommage rendu à une belle défense. Au delà, le Nil retrouve deux rives parallèles : ses eaux, libres d'îlots flottants, s'allongent en une large nappe brillante; les hautes herbes des bords figurent une pelouse qui limite les forêts. On songe à quelque parc mystérieux et immense, par le travers duquel est jeté le tapis souple d'un fleuve, l'avenue d'eau qui conduit à un palais enchanté.

*
* *

Plus que jamais en paresse, aujourd'hui, le vent! Nous sommes réduits à attendre de son caprice qu'il veuille bien nous conduire plus loin. Tard, il se met au travail et de façon si nonchalante que l'eau n'est pas ridée. Le bateau y avance avec une telle lenteur que le décor des rives paraît à peine changer. Et mes hommes de désespérer de renouveler d'ici longtemps leur provision de mérisse! Voici deux jours, ce matin que nous n'avons vu de hameaux et l'on ne peut songer atteindre Renck, cette nuit, avec une brise si peu favorable.

Mais ils n'interrogent pas en vain le rivage. A l'ouest, ils aperçoivent une dizaine de huttes de paille. Et aussitôt ils me disent : « Certainement, tu pourras y acheter de la viande fraîche. » Je réponds : « Je suis sûr du contraire et assuré que vous y trouverez du mérisse. » Ils invoquent leur vertu que je persiste à nier.

Nous abordons. Quelques Chillouks sont venus demeurer là, en bordure du territoire arabe des Sélim, sur un sol encore mal affermi et pour tous autres qu'eux inhabitable. C'est une sorte de grande prairie d'herbes fluviales dont ils ont assez fauché pour élever leurs huttes de paille. En arrière, les arbres du pays Sélim arrondissent leurs cimes. Quatre Chillouks viennent d'arriver sur leur étroit canot et ne tardent pas à repartir vers le nord. Un marchand arabe de Dueim y est venu commercer : il vend du sucre, du thé, des étoffes, aux Sélims voisins. Mes hommes ont disparu dans quelque hutte où se vend le doura fermenté.

... Un souffle d'air nous remorque très lentement. D'au delà l'épaisse bordure d'herbes, des arbres de la forêt, parviennent à nous de longs appels, le cri des pasteurs poussant au fleuve leurs troupeaux. Et puis, seuls, les coassements des grenouilles troublent le silence... Échoués contre les herbes d'un inabordable rivage, nous attendons en vain l'aumône de la brise.

... A l'instant où le soleil, touchant le bord de la terre, met de la pourpre au ciel et dans les eaux et fait paraître plus noires les forêts, un souffle imperceptible naît : il tend la voile. Et le reïs dit : « Dieu soit loué ! il y aura bon vent toute cette nuit ! »

*
* *

Le reïs s'était trompé. Nous n'avons marché ni longtemps, ni vite, ni loin, cette nuit. Le bateau est attaché à une grosse touffe de ces herbes qui interdisent l'accès du rivage. Il fait jour depuis plu-

UN CHILLOUK, SURPRIS SUR LA RIVE DU NIL
BLANC, AIDE A AMARRER MA FELOUQUE ET
CONSENT A ME CONDUIRE, PAR LES SENTIERS
D'EAU DES MARAIS, JUSQU'A SON VILLAGE

MELLUT SUR LE NIL BLANC :
DENKA DANSANT LA DELLOUKA

sieurs heures lorsqu'enfin le vent se lève, couvre le fleuve d'un petit
clapotis et nous conduit vers les confins du pays noir. Le Nil reste
désert, bordé des prairies d'herbes flottées qui défendent d'approcher
du rivage. Au delà, les forêts arrondissent des cimes épaisses d'où
nous viennent de grosses mouches, avides et tenaces. A l'est, commence
le pays des nègres Denkas. L'autre rive est toujours celle des Arabes
Baggara.

Peu à peu, les bois disparaissent. Des plaines couvertes d'herbes
et de buissons s'achèvent au ras du Nil. Le Nil et sa bordure de joncs
semblent la terre entière sous l'immense abîme du ciel. Beau comme
un lac en sommeil, il reflète le ciel incendié par le soleil couchant, puis
la nuit parée d'étoiles. Le silence obscur n'est troublé que par le souffle des hippopotames dans leur refuge de joncs ou prenant au large
leur bain. Puis, du pays des Arabes pasteurs montent les grandes
lueurs de vastes foyers. Des herbes qu'ils brûlent, s'échappe un large
reflet pourpre; des colonnes de fumée, plus noires que la nuit, reflè-
tent à la manière d'un écran cette couleur ardente qui met de la nacre
de feu sur le sommeil des eaux. Dans les ténèbres, trois fournaises
silencieuses, au ras du sol comme des cratères en activité depuis peu,
répandent sur le pays mahdiste des Arabes Baggâra leur lumière de
sang.

*
* *

Le bateau a marché toute la nuit. Au lever du jour, on l'amarre
au milieu des joncs : le Nil offrait ce même aspect en Égypte au temps
lointain des Pharaons.

Le rivage est désert et nu : on y aperçoit cependant quelques
bouquets d'arbres et des champs de doura jauni. Une grande felouque
repose à l'ancre. En regardant avec attention, je vois, à une certaine
distance dans les terres, les toits pointus de Renck. Cette petite ville

est plus misérable encore que Goz Abou Gouma. Les rares boutiques du soûk sont tenues par des Arabes émigrés d'Ondourman et d'El Dueim, qui essaient de commercer avec les Fongs de l'intérieur et les Denkas riverains. Quelques Chillouks même, venus de leur encore lointain pays, flânent de l'une à l'autre des petites boutiques disposées autour d'une place carrée. De là, partent quatre rangées de tokols très vieux et trois longues rues désertes ouvertes sur les champs de doura.

Au moment où nous partons, une forte bourrasque s'abat sur le Nil. Pendant plusieurs heures, le fleuve se creuse de longues vagues qui remontent le courant et dont la crête se blanchit d'écume. La felouque roule, tangue et avance par bonds coupés de temps de repos au creux des lames. Et puis, la tourmente s'apaise et nous reprenons notre marche paresseuse.

Toujours le même décor : une large nappe d'eau, une bordure de hautes herbes, une rangée d'arbres ou de broussailles; simple rideau, forêt profonde, on ne sait; pays peuplé, pays désert, qui peut le dire? Sur la rive Denka, un groupe de huttes abandonnées; sur la rive Baggâra, une colonne de fumée : au cours de cet après-midi, c'est tout ce que les plaines voisines nous livrent de leurs secrets.

Au coucher du soleil, vent cessant, le bateau est attaché à une touffe de roseaux. Les herbes forment une prairie épaisse d'où s'élance l'armée des moustiques porteurs de la malaria. La prairie envahit le Nil au point qu'il n'en reste qu'un canal aux rives bien droites, dont les eaux lisses, roses des reflets d'un nuage rose, semblent les eaux d'un royal bassin. En arrière d'une pelouse que nul n'a jamais fauchée, l'épaisse muraille des grands arbres répand la mélancolie des parcs versaillais. Il semble que l'on a déjà vu ce décor et que l'archi tecture des eaux et des bois est celle que le roi Louis aimait.

*
* *

CHILLOUKS ACCOURUS POUR ME VOIR LORSQUE J'ABORDE A KAKA

CHILLOUKS DE KAKA ME REGARDANT DESCENDRE A TERRE

Après une nuit écoulée.

Le fleuve est d'une largeur magnifique. Un moment même, il s'étend si loin avant de dessiner une courbe nouvelle que la nappe d'eau, confondue à l'horizon avec le ciel, offre l'ampleur d'une baie ouverte sur l'Océan. Mais voici que, bientôt, par un singulier caprice de la nature, de vastes prairies de hautes herbes descendent jusqu'au milieu du Nil et l'on est tout près de croire qu'elles vont fermer la route liquide lorsqu'on s'aperçoit qu'il subsiste un étroit et court défilé. Lorsqu'il est franchi, la plaine d'eau reprend ses proportions immenses. Tout au loin, surgit une colline, le Gebel Ahmed Agha : dans sa direction, nous allons naviguer pendant des heures, entre deux rives toujours désertes. Si, par deux fois, une colonne de fumée s'est élevée du pays Baggâra, le pays Denka ne nous a pas même donné le spectacle d'un hameau abandonné. Il y existait cependant, paraît-il, quelques années plus tôt, des villages riverains dont les habitants se seraient retirés à l'intérieur des terres. Les huttes, dont il n'est rien resté, se dressaient peut-être sur ces emplacements dénués d'arbres qu'on remarque parfois, auprès de ces palmiers-doums dont quelques rangées s'alignent encore au bord même du fleuve. Les buffles et les éléphants peuvent venir en paix boire l'eau du Nil sur son rivage désert.

***

Après encore une nuit.

Un peu au delà du Gébel Ahmed Agha, des grandes îles obstruent le fleuve, divisent son cours. Nous remontons une sorte de canal étroit comme une toute petite rivière. Depuis plusieurs heures, une colonne de fumée trahissait la présence d'un village de Chillouks établi dans une des îles comme une avant-garde égarée loin de leur pays. Nous apercevons bien, sur un espace dénudé, à la lisière des bois, leurs huttes de paille jaune, mais il est impossible de découvrir un passage qui permette de gagner la terre à travers l'épaisse ceinture de hautes herbes fluviales. L'accès du hameau doit se trouver sur l'autre bras du fleuve, d'où l'on ne peut soupçonner que l'île est habitée. De ce côté, où il est visible, son abord est défendu par la prairie d'herbes et d'eau; leurs pirogues étroites et légères peuvent aisément franchir cette barrière et l'étroit canal permettrait aux indigènes, en cas d'attaque, de fuir. Ces prudentes mesures de sécurité leur sont encore inspirées par le souvenir du temps récent où les musulmans d'Égypte et du Soudan envoyaient au pays noir des expéditions de négriers pour y capturer des esclaves.

Après avoir, toute la matinée, longé l'île chillouk, nous rejoignons, à son extrémité méridionale, l'autre bras du Nil. A cette sorte de confluent, d'immenses marécages, que le fleuve doit complètement recouvrir à l'époque des hautes eaux, font reculer très au loin la lisière des forêts. En amont de ces marais, les broussailles et les bois rejoignent la rive. De l'horizon, montent des fumées que les détours du Nil ne permettent de situer ni sur la rive Chillouk, ni sur la rive Denka. Mais, après plusieurs heures de marche, nous voyons qu'elles s'élèvent du pays Denka, d'au-delà la lisière de forêts dont les roseaux défendent l'entrée. Puis, le Nil s'inclinant vers l'ouest, le vent nous prend de flanc et nous immobilise contre les herbes épaisses. Une grande prairie marécageuse nous sépare d'arbres touffus où peut-être un village s'abrite : une colonne de fumée s'élève au-dessus des cimes rondes et il est impossible d'y atteindre au travers de ce feutrage de roseaux qui forme un sol mouvant où crocodiles et hippopotames trouvent un abri très sûr. La force du vent diminuant, le bateau est poussé à la perche jusqu'à un coude du rivage qui permet d'orienter utilement la voile. Mais le vent s'affaiblit davantage. La nuit se répand sur les eaux en sommeil. Le reflet rougeâtre des incendies allumés dans les bois monte jusqu'aux étoiles et se penche sur le fleuve qui se teint de rose. Il n'y a qu'un foyer de flammes sur la rive d'ouest, mais si vaste qu'une large portion de la plaine paraît tout embrasée.

HABITATIONS CHILLOUKS

FEMMES CHILLOUKS DESCENDANT AU NIL
POUR Y PUISER DE L'EAU

Sur la rive opposée, on compte sept à huit de ces foyers, quelques-uns très éloignés dans les terres, d'autres sur le bord même du fleuve, face à nous. Lentement, nous approchons et, le Nil traversé, nous ne voyons que des flammes solitaires, allumées par des mains inconnues, et qui poursuivent leur course capricieuse à travers une étroite plaine, dévorant les herbes desséchées. La barrière des grands joncs nous arrête. La felouque y est attachée pour la nuit. On n'entend plus que le cri-cri d'insectes et une sorte de bruit métallique, deux notes seulement indéfiniment répétées, semblables au choc très affaibli d'une enclume ou bien au son que les enfants tirent d'un harmonica ; et aussi, d'instant en instant, des roseaux ou des eaux, le grognement des hippopotames ; et toujours le bourdonnement des moustiques.

§ 2. — Chez les Chillouks.

Au petit jour, par bon vent, la barque reprend sa course. Mais je la fais arrêter presque aussitôt. En un point de la rive où l'absence de roseaux permet d'atterrir, une quinzaine de Chillouks se chauffent autour d'un maigre feu. Ils nous font bon accueil. Ce sont eux qui, la veille, ont incendié la prairie ; d'autres Chillouks avaient allumé les incendies plus lointains dont les flammes dansantes couraient sur les deux rives. Venus de leurs villages pour chasser, les Noirs que nous avons surpris ont tué, l'autre jour, un buffle ; l'animal a été dépecé ; sa chair, découpée en lambeaux étroits, sèche sur des branches. Deux des chasseurs prennent leurs javelots, s'éloignent d'une centaine de pas : je les vois au milieu des herbes en partie brûlées, en arrêt, bras tendu. Le trait part. Ils nous rapportent deux grosses pintades.

Notre barque reprend sa course. Aux approches de midi, nous apercevons un premier village Chillouk qui groupe ses chaumières rondes en arrière d'un large marais encombré de roseaux. Puis, au delà, très proches, un deuxième, un troisième, d'autres encore, une dizaine qui se succèdent à une distance infime les uns des autres; et ainsi de suite, jusqu'au grand village de Kaka où réside un chef indigène. Au delà encore, un certain nombre de hameaux très voisins. Tous sont construits en retrait du fleuve, sur une berge qui domine les marais riverains. La terre qui les porte est couverte d'herbes desséchées par le soleil; la forêt a disparu; il ne reste que des arbres isolés ou des bouquets d'arbres; bien qu'acclimatés au pays de la fièvre, les Chillouks l'assainissent de leur mieux. Ils poussent au travers de cette jaune prairie des troupeaux de moutons et de chèvres. Parmi les roseaux d'un rivage accessible sont échoués leurs canots, étroits et longs, façonnés de planches assemblées par des cordes et dont l'équilibre ne se maintient que par l'immobilité des gens accroupis tout au fond et par l'adresse des rameurs; ceux-ci manient de petites rames qu'ils plongent alternativement à droite et à gauche comme s'ils prenaient de l'eau avec une cuiller. Sur la rive, sèchent aussi quelques radeaux dont les Noirs se servent pour traverser le Nil : c'est un simple paquet de joncs coupés en carré à l'arrière et réunis à l'avant de manière à former une proue redressée. Deux ou trois hommes seulement me paraissent y pouvoir prendre place. Dans les prairies riveraines, les notables se promènent drapés d'une pièce d'étoffe passée sous un bras et attachée sur l'épaule opposée; les autres ne portent pour tout vêtement que des bracelets d'ivoire ou d'herbes tressées et, à la ceinture, une mince cordelette. Grands, étroits d'épaules, minces, les membres grêles, les jambes très longues, ils ont silhouette d'échassiers humains. Leur figure plate, leurs pommettes saillantes, les apparentent aux races asiatiques. Ils sont Africains par leur couleur noire et leurs cheveux crépus. Cette chevelure est l'objet de soins minutieux et s'ajoute aux diverses parures pour compléter leur costume. Les cheveux sont rasés ou tenus très courts partout ailleurs que sur le sommet et en arrière du crâne : là, à mesure qu'ils allongent, ils sont

enduits de terre, de graisse, et disposés de façon à former les bords
libres d'un chapeau rond; au voisinage de la nuque, cette coiffe, au
lieu d'être circulaire, présente une échancrure en cœur de carte à
jouer; l'emmêlement des cheveux et les diverses substances qui y
sont jointes, les colorant d'une nuance un peu rougeâtre, en font, au
toucher et à la vue, une sorte de feutre. Vu de face, un Chillouk semble porter, très rejeté en arrière, une sorte de chapeau qui dessine
autour de sa tête un nimbe sombre. Telle est, du moins, la mode la
plus générale de se coiffer. Mais quelques-uns disposent ce feutrage
de cheveux en cimier de casque : la crête forme une longue courbe
d'avant en arrière; elle commence au sommet du front pour s'achever
à la nuque. Ainsi coiffé, le Chillouk ne peut plus dormir qu'en posant
le cou sur un appui spécial : il cherche dans la forêt une branche qui
en porte deux jumelles et, un peu au delà, une troisième isolée; il
ne garde de ces trois branches secondaires que ce qu'il faut pour
les transformer en un trépied qui maintienne l'édifice de ses cheveux
à une distance suffisante du sol lorsqu'il appuie la nuque sur la branche
transversale. Dans la chevelure ainsi disposée, le Chillouk pique
parfois quelques longues plumes et il dispose sur son crâne un cercle
de métal ou de verroteries qui va d'une oreille à l'autre, formant
comme une base brillante à la haute collerette de ses cheveux empanachés. Au cou, il porte plusieurs colliers de grandeurs différentes,
faits chacun de crins de girafe assemblés, qui enfilent une boule de
verre. Au-dessus du coude, il place un ou plusieurs bracelets de corde,
ou un large cercle d'ivoire, ou un morceau de cuir dont une extrémité, velue et découpée en une sorte d'oreille, flotte librement; au
poignet, un bracelet de cinq ou six fils de cuivre superposés, ou, s'il
est pauvre, de verroterie ou même de simples cordelettes; à la ceinture,
une ou plusieurs rangées de perles de verre. Beaucoup ornent de boucles leurs oreilles. Tous tiennent à la main une ou plusieurs lances
ou javelots, ou tout au moins une massue ou quelque épieu de bois

durci dont la poignée s'orne d'un bracelet de cuir à oreilles flottantes.

... Le vent nous pousse au delà des villages. Les rives deviennent à nouveau boisées, herbeuses et solitaires. Un instant, j'aperçois un grand village isolé. Et la nuit vient après que le soleil a rougi le fleuve de ses derniers feux.

*
* *

Le lendemain.

Le Nil Blanc dessine ici une double boucle malaisée à franchir pour les barques à voile. Le vent ne souffle que du nord en cette saison, et le cours du fleuve s'oriente en plein est jusqu'à Melut pour redescendre ensuite au sud. Un vent modéré nous permet bien d'avancer pendant une heure le long d'une rive déserte, jaune d'herbes desséchées, où, tout près de l'eau et sans prendre peur à notre vue, quelques antilopes paissent tranquilles. Mais il prend ensuite une grande force, nous pousse contre les herbes mobiles de prairies d'eau de la rive opposée et nous immobilise jusqu'au déclin du jour. Profitant de ce qu'alors il cesse, nous pouvons, à la perche, gagner le centre administratif de Melut, tout voisin. Lentement, nous glissons sur des eaux mortes où l'image du ciel y fixe si bien sa nacre nuancée de tous les tons qui relient insensiblement le rose du couchant au bleu de nuit que l'on dirait du fleuve et du ciel qu'ils sont une seule et même étendue s'ils n'étaient séparés par la ligne mince d'un rivage de verdure. Mais cette ligne de joncs est de si peu d'épaisseur et d'une telle étendue, doublée du trait plus fin encore que trace la fuyante perspective d'une plaine d'herbes jaunes, qu'elle ne sépare plus le ciel et l'eau mais les unit ainsi que sont unies par leur charnière les deux valves d'un même coquillage.

*
* *

Le jour d'après.

Melut est un grand village, où plusieurs rangées de huttes s'alignent au delà de deux petites constructions en briques : la maison

CHILLOUKS GROUPÉS SUR LA PLACE DU VILLAGE

FEMME CHILLOUE DANS LA COUR
DE SA DEMEURE

de l'administrateur anglais et la poste. La population n'est ni Chillouk ni Denka : elle se compose de quelques soldats noirs, de quelques marchands arabes, de quelques nègres affublés de défroques de fonctionnaires ou de soldats.

Nous repartons, péniblement halés à la corde, contre le vent, le long d'une rive dénudée, pour tâcher d'atteindre le coude tout voisin qui, orientant à nouveau le Nil Blanc vers le sud, nous permettra de faire usage de la voile. Mais, après une demi-heure de travail et à quelques centaines de pas du détour du fleuve, les herbes empêchent de tirer la barque à la corde et le vent hostile, qui naît chaque matin pour finir au soir, nous condamne à demeurer là dans l'attente du coucher du soleil. Allons-nous perdre deux jours à effectuer un parcours qui demanderait deux heures?...

Par un heureux hasard, vers le milieu de l'après-midi, une accalmie nous libère! La boucle est bouclée!... Sur la rive qui décrit une vaste courbe convexe, s'aperçoivent plusieurs villages. Leurs chaumières se groupent dans une jaune prairie qu'encerclent les beaux arbres d'une forêt. Mais de très vastes marécages, garnis de joncs épais, séparent les villages du cours du fleuve et nous n'y discernons aucune voie d'accès. Et puis, le rivage redevient désert : ce ne sont plus, d'un côté, que marais du pays Chillouk où les grenouilles poursuivent leur perpétuel concert, de l'autre, que forêts du pays Denka d'où montent les cris des oiseaux.

*
* *

Toute la matinée, grimpé à mi-hauteur du mât sur le sommet de l'abri de paille, je vois se succéder sur la rive Chillouk de nombreux villages. Mais ils sont très loin, à la lisière de la prairie jaune et des bois sombres, séparés du Nil par des marais infranchissables qui peuvent atteindre près d'un kilomètre de largeur. Il existe sûrement quelques chemins secrets : mais rien ne les trahit. De la rive Denka, déserte et où, bientôt, les bois cessant, on ne voit plus qu'une plaine infinie d'herbes rousses, mon regard se reporte toujours à la rive Chillouk et l'interroge en vain.

Un moment, à une sorte de pointe de terre ferme, plantée d'arbustes, nous croyons apercevoir quelques chaumières; nous abordons : ce ne sont que des abris temporaires, faits à la hâte par des indigènes qui s'y sont installés pour la pêche; quelques sentiers suivent, un instant, le fleuve, mais aucun ne se dirige vers la terre au travers de la muraille de roseaux, si épaisse qu'on sent l'inutilité de l'effort pour la rompre. Alors, nous remontons à bord et nous nous abandonnons à la violence du vent qui nous pousse vite vers le sud.

Monté sur mon abri, j'observe le rivage. Les villages et les bois se rapprochent du fleuve. Des joncs jaunis, indice de la solidification de la prairie fluviale, viennent jusqu'au Nil, brisés, couchés par places par le passage des bêtes et des hommes. Soudain, du milieu de ces joncs jaunis, un Chillouk apparaît, puis deux, puis quatre. Une laguné les sépare du rivage mal affermi que nous rasons. Mais la zone desséchée où ils se tiennent vient rejoindre de biais le fleuve, là où j'avais remarqué un emplacement d'herbes foulées. Sûrement, il existe un chemin. Nous les appelons. Ils montent sur un petit monticule de terre et, debout sur un seul pied, nous observent. A grand'peine, contre le vent, nous aidant de la perche et tirant sur les joncs, nous ramenons le bateau au lieu où le chemin supposé doit aboutir. Je descends avec deux de mes hommes. Une piste s'ouvre devant nous dans l'épaisse et haute muraille de roseaux jaunis, une piste étroite où nous passons bien juste. Parfois, le sol mollit ou même une sorte de ruisseau sans courant traverse le sentier; on enfonce jusqu'à la cheville dans une boue noire, jusqu'au genou dans l'eau morte. A plusieurs reprises, nous traversons des emplacements dénudés, circulaires, pourvus, en leur milieu, d'un haut tas de terre d'où l'on peut observer et s'orienter, sortes de carrefours d'où partent en diverses directions d'autres pistes, pistes d'hippopotames dont on relève sur le sol mis à nu la trace, pistes de Chillouks qui ont laissé l'empreinte de leurs pieds, sentiers qui conduisent vers les villages, sentiers qui égarent dans les grandes herbes ou vers les bas-fonds où l'eau séjourne, repaires de crocodiles.

Nous allons de carrefour en carrefour, nous retrouvons le sentier que suivaient les quatre Chillouks aperçus, mais les Chillouks se sont enfuis. Le sentier s'achève à une coupure profonde qui court parallèlement au fleuve et où séjournent ses eaux. Du haut d'une des petites buttes, nous voyons que, plus loin, s'allonge une autre coupure semblable. Il serait dangereux de traverser sans embarcation ces retraites où les hippopotames vont se cacher pendant le jour. Les quatre Chillouks ont traversé et suivi ces lagunes sur leurs barques de roseaux si légères, les portant ensuite sur leurs têtes dans les sentiers étroits ensevelis au milieu des joncs. Et l'un des hommes me dit : « Au temps du Mâhdi et du Khalife, son successeur, quand les dervouiches dévastaient leurs villages, tous les Chillouks se réfugiaient dans ces grandes prairies et l'on ne pouvait les atteindre en une telle retraite. »

Nous sommes obligés de nous retirer, nous orientant de temps à autre du haut d'un monticule pour ne pas nous perdre dans ce dédale de sentiers; encore, à plusieurs reprises, nous sommes-nous trompés de direction... Nous remettons à la voile.

*
* *

Nous avons passé la nuit contre une rive émergée. Au delà de cette étroite banquette de terre ferme, la prairie verte s'étend jusqu'au renflement du sol où s'édifient les villages. J'en compte bien une douzaine, qui se touchent presque, tellement ils sont proches les uns des autres. Le marais me semble moins vaste que les jours précédents;

l'herbe en est peu haute, comme s'il y avait peu d'eau ou même seulement de la terre boueuse. Nous tentons de la traverser : mais, dès les premiers pas au delà de la banquette solide, nous enfonçons jusqu'aux genoux, puis jusqu'à la ceinture et, comme la profondeur augmente, qu'il n'y a aucune trace de sentier frayé, que nous apercevons plusieurs de ces emplacements circulaires où l'hippopotame couche l'herbe pour dormir, nous jugeons plus sûr de revenir en arrière.

Ayant mis à la voile, nous constatons que la prairie ne tarde pas à diminuer de largeur encore. Mais une nouvelle tentative n'est pas plus heureuse : une étroite et profonde lagune — que les Arabes appellent *khor* — s'étend, encombrée de roseaux, parallèlement au fleuve.

Continuant à remonter le Nil le long de ses bords, au détour d'une petite saillie de la berge, nous surprenons un Chillouk assis entre deux touffes de joncs et surveillant une grosse corde qui plonge dans l'eau, armée, m'ont assuré mes Arabes, d'un fort crochet et d'un appât pour pêcher quelque petit crocodile. L'homme esquisse un mouvement de fuite. Le reïs lui crie des paroles rassurantes. La barque aborde. Nous descendons près du Chillouk. Comme il n'a pas de pirogue, il est certainement venu des villages à travers le marais : il y existe donc un sentier. Nous lui promettons de l'argent s'il nous conduit à son hameau. Il nous donne l'assurance que nous ne risquons de rencontrer ni crocodile ni hippopotame et il accepte, pour cinq piastres (¹) de nous guider jusqu'à sa maison et de nous ramener au bateau. Mais il veut voir les petites pièces d'argent. Je les lui remets : il les palpe, les regarde, puis me les rend. Il est convenu que je les lui donnerai lorsque nous serons arrivés chez lui. Un de mes hommes reste de garde sur la felouque; les deux autres m'accompagnent. Le Chillouk s'engage, le premier, dans un étroit sentier pratiqué entre les hautes herbes aquatiques, ouvert directement sur le fleuve et où nous entrons dans

(¹) Environ 1ᶠ 25.

CHILLOUKS SE PROMENANT DANS LEUR VILLAGE

UN CHILLOUK DANS UNE RUE DU VILLAGE

l'eau jusqu'à la ceinture. Je marche immédiatement derrière notre guide qui se montre attentif à écarter les joncs sur mon passage. Après deux ou trois détours, le sentier d'eau s'achève dans un *khor* où nous enfonçons jusqu'aux aisselles. Un très léger courant l'alimente; deux filets, que le Chillouk était précisément venu visiter le matin, y sont soigneusement tendus pour arrêter le poisson au passage. Au delà du *khor*, l'étroit sentier s'ouvre à nouveau au milieu des herbes. L'eau nous vient tantôt à la cheville et tantôt au genou; nous glissons sur la bouc qui en tapisse le fond; nous nous empêtrons parfois dans les herbes couchées qui cinglent pieds et jambes; nous remuons une eau vaseuse dont la surface se fleurit de larges nénuphars. J'ai peine à suivre le Chillouk qui, de ses grandes jambes d'échassier, avance avec autant d'aisance que sur la terre ferme et même, par moments, court. Mais, lorsqu'il s'aperçoit qu'il nous distance, il s'arrête, il attend, il recommence à écarter herbes et joncs qui pourraient me gêner et qui encombrent souvent ce sentier pourtant fréquenté. Puis, au milieu du marais, il demande son argent. Je le lui remets. Il le prend, le compte, le recompte, le contemple, fait répéter à mes hommes, dont il semble extrêmement se méfier, que ce sera le prix de sa peine et alors, rassuré, il me rend ma monnaie. La marche se poursuit péniblement. Nous traversons un deuxième khor. Au delà, le sentier est plus facile : l'herbe est moins haute et l'eau n'atteint que la cheville. Enfin, après une heure presque d'efforts, nous parvenons à la terre ferme, à la ligne des arbres.

Au pied du premier arbre, le Chillouk se débarrasse d'une pièce d'étoffe de coton roulée qu'il portait en sautoir, s'assied sur le sol, nous invite à faire de même et demande son argent. Cette fois, l'ayant pris, il le garde et l'enroule dans un coin de sa draperie. Puis, il en demande d'autre. Nous nous récrions : « Tu as reçu le prix fixé ! Tu dois nous conduire à ta maison et nous ramener au bateau ! » Mais il jette de petits cris aigus, plaintifs, qui expriment sa déception, son refus, son

entêtement. Il répète, avec une obstination d'enfant : « *Grouch!
Grouch!* des piastres! des piastres! » Ses petits yeux se dérobent à
notre regard; mobiles, fuyants, traversés de petits éclairs, ils crient
la ruse et le mensonge. Nous le traitons en enfant : « Allons! viens! tu
dois être content! tu ne te promènes pas tous les jours pour ce prix!...
Viens donc! tu es un ami! Allons! tu n'es pourtant pas fatigué! Pourquoi restes-tu assis là?... » Je lui donne sur l'épaule de petites tapes
amicales. Je lui prends la main, je le tire : il se lève. Il nous dépasse
de la tête et des épaules. Il tient d'une main son javelot barbelé et
un épieu. Je lui tiens l'autre main, je le tire, je le conduis. Il suit,
rechignant, s'arrête, repart, poussant ses petits cris de dénégation et
de refus et bredouillant : « *Grouch! Grouch!* Je veux des piastres,
na! » Et voyant enfin qu'il n'en peut obtenir, il se résigne et il prend
les devants.

Le sentier traverse un grand bois. Plusieurs femmes Chillouks,
vêtues d'une peau de bête qu'elles portent en sautoir et tenant sur la
tête un vase de terre, descendent au marais puiser de l'eau. A notre
vue, elles font un grand détour. Au sortir du bois, la pente, qui conduit
au plateau dont le rebord porte les villages, se couvre d'herbes séchées,
jaunies par le soleil. Le sol, fait d'alluvions, gras, noir, fertile, est,
depuis les dernières pluies d'été, déjà calciné, fendillé, par l'ardeur
du soleil et la sécheresse. Des champs de doura, aux abords des villages, il ne reste que la mauvaise paille, inutilisable.

Le hameau de notre guide compte un très petit nombre de
maisons disposées en cercle. Chacune d'elles se compose de deux
huttes réunies par une palissade de joncs qui entoure une petite cour.
Dans l'une des huttes, se préparent les aliments. L'autre sert d'habitation. Il y règne un ordre et une propreté méticuleux. Elle est
haute et spacieuse. Un mur de terre, circulaire, supporte, à hauteur
d'homme, un toit conique : les joncs qui forment cette couverture
sont maintenus, à l'intérieur, par de nombreux cercles de roseaux,

superposés. Une fine argile enduit le sol et les parois des murs. L'u-
nique ouverture est une porte étroite et basse, de forme ovale, qu'on
ne peut franchir que courbé jusqu'à terre et ramassé sur soi-même.
Une paillasse de paille très menue se déroule sur cette ouverture, à
la façon d'un store, la fermant en tout ou partie, à volonté. L'habitation est emplie de silence, d'ombre et de fraîcheur. Une peau de
vache, étendue sur le sol, sert de lit. Une peau de chèvre, quelques
roseaux assemblés servent de sièges. Comme les Chillouks chiquent,
une coque de pastèque, placée près des visiteurs, leur sert de crachoir.
Le long du mur, sont rangés les vases de terre qui contiennent le
mérisse et les hauts paniers ventrus qu'on remplit de doura. Sur une
corde, sont étendus les vêtements : peau d'animal domestique ou
sauvage que revêtent les femmes, pièce de cotonnade dont se drapent
parfois les hommes. A la naissance du toit, piqués dans les joncs,
s'alignent les colliers et autres ornements, des épis de doura, des pa-
quets de pois dans leurs gousses et, appendus à une cordelette, des
lambeaux de viande séchée.

Quelques voisins, uniquement vêtus de leurs cheveux, colliers
et bracelets, nous rejoignent chez notre hôte, nous saluent, à la façon
arabe, d'un « *Salamaleik! Taïyibin?* » et, suivant leur usage, en levant
vers nous la paume de la main. Notre curiosité les amuse. En même
temps, ils satisfont la leur et échangent leurs remarques dans une
langue sourde que l'arrachement des incisives de la mâchoire infé-
rieure rend bredouillée et zézayante. Fréquemment, d'une petite poire
pendue à leur cou, ils tirent une pincée de tabac en poudre, qu'ils pri-
sent. Des femmes et des enfants, attirés par la présence si rare d'étrangers, viennent dans la cour contempler par la petite porte ovale les
visiteurs. Les femmes ont les cheveux ras et portent peu d'ornements,
lorsque même elles en ont. Comme les hommes, elles fument des pipes
volumineuses dont le fourneau est d'argile rouge, le tuyau formé d'un
jonc ou d'une tige creuse et, l'embouchure, d'une coque de fruit.

Les villages étant distants les uns des autres de quelques centaines de pas, je puis en visiter facilement plusieurs. Quelques Chillouks du premier hameau m'accompagnent jusqu'au hameau voisin. Ils se drapent alors dans une pièce d'étoffe de couleur rougeâtre, qui se passe sous un bras et se noue sur l'épaule opposée, et ils s'arment d'une ou deux lances ou javelots et d'une massue. Partout, nous trouvons le même aimable accueil. On nous invite à prendre place dans le cercle que forment les hommes à l'ombre d'un arbre ou d'une habitation. Beaucoup de ces Noirs parlent un peu l'arabe. Ils demandent d'où nous venons et quel motif nous attire. Je réponds : la curiosité. Et cette raison, qui ne satisfait jamais le musulman, leur suffit ! Tous me déclarent que je devrais arracher ma barbe, que c'est fort laid et qu'ils s'épilent avec soin.

Presque toujours, le village est désert lorsque nous y entrons : ce sont les heures les plus chaudes du jour et les indigènes se réfugient à l'ombre de leurs toits. Mais, presque aussitôt, l'un d'eux nous aperçoit et vient à nous; puis, un autre; et d'autres encore. Les hommes mariés sortent de leurs maisons; les jeunes gens, de la hutte du sorcier, qui s'élève au milieu du village et à la porte de laquelle, près de deux hautes branches mortes où sont pendus des fétiches, ils ont planté leurs lances. Le sol de cette hutte est couvert d'une épaisse couche de cendre de bouse de vache dont, avant de sortir, ils se frottent soigneusement le visage et tout le corps. Parfois, ils se servent ensuite d'une substance rougeâtre pour orner leur face de larges balafres : ils dessinent un trait horizontal sur les joues et, comme les disciples hindous de Siva, trois traits verticaux sur le front.

Nous regagnons le bateau, accompagnés de notre guide et de six autres Chillouks. Hors du sentier d'eau, dans les herbes drues, pointant sur ces repaires de crocodiles leur javelots, ils courent. Nous les invitons à monter dans la felouque et nous leur offrons le thé. Après leur départ, nous remettons à la voile, mais, peu après avoir

CHILLOUKS PASSANT DANS LA RUE

CHILLOUKS DU VILLAGE

repris notre marche sur le fleuve, les bateliers s'aperçoivent que leur hache a été volée.

A deux heures de là, le marais semble encore plus étroit et plus praticable. Certainement, il est aisé d'avoir accès aux villages qui apparaissent groupés sur le sol exhaussé du vrai rivage, au milieu des herbes jaunes, car deux Chillouks se tiennent au bord du fleuve, pêchant. Ils nous confirment l'existence d'un sentier facile. Comme mes Arabes tiennent à tenter de retrouver leur hache, demain nous monterons là-haut.

*
* *

Au matin, le reïs, un des hommes et moi, nous descendons à terre. Le premier village est atteint en une demi-heure, après traversée de deux khors où l'eau ne vient plus que jusqu'au genou : les villages visités la veille se trouvent à près d'une heure de marche d'ici. Nous nous y rendons. Lorsque nous arrivons à la maison de notre guide, les femmes nous disent qu'il est sorti. Nous nous asseyons à l'ombre d'un pan de mur. Quelques hommes du voisinage surviennent. Nous nous plaignons du vol de la hache. Ils vont alors chercher nos compagnons de la veille, qui feignent un profond étonnement à la nouvelle du larcin. Notre guide arrive à son tour : il déclare tout ignorer. D'autres indigènes, des femmes, des enfants se groupent autour de nous. Chaque fois, il faut recommencer le récit du vol, qui les met en grande gaieté. La palabre s'étant longtemps prolongée, un vieillard s'interrompt de fumer sa longue et lourde pipe. A peine a-t-il élevé la voix que le plus grand silence se fait. Il parle haut et d'une voix dure. Un des Chillouks qui nous avaient accompagnés vient alors s'asseoir devant lui et, d'un ton de grande déférence, lui explique que ni lui ni les six autres ne savent rien du vol en question. Usant de la seule autorité que l'âge lui confère, le vieillard convoque à l'écart les sept et les interroge. Après une longue conférence, il nous déclare qu'il n'a pu découvrir le coupable : nul n'a vu notre hache. Les palabres avaient duré quatre heures.

*
* *

Fachoda.

Hier soir, notre barque s'est avancée jusqu'aux abords de Fachoda. Nous y parvenons ce matin de bonne heure.

De tout l'horizon, les forêts ont disparu. Il n'y a plus autour de nous qu'une plaine immense qui s'élève au-dessus du Nil de la seule épaisseur des prairies de terre et des prairies d'eau. L'herbe verte marque les marais; l'herbe jaune indique que le sol a pris consistance. Rien de proche ou de lointain qui ne soit, ou jaune, ou vert, ou de la nuance changeante des eaux. Quelques bouquets d'arbres, la dentelure que dessinent les toits pointus des villages, le ciel, un ciel embrasé : c'est tout.

Fachoda, qui s'appelle officiellement aujourd'hui Kodok, de son ancien nom indigène, est capitale du pays chillouk et en occupe le centre. Le roi des Chillouks y réside. Le long du fleuve, se succèdent les bâtiments anglais et les huttes des soldats noirs, puis, au delà d'un espace nu, la ville indigène : d'abord le soûk où trois ou quatre chré-tiens et des Arabes tiennent boutique; ensuite, les huttes qu'habitent les Chillouks, des nègres musulmans et quelques Baggara; soigneuse-ment alignées, elles bordent de grandes rues parallèles au fleuve.

En arrière de la ville, la plaine jaune s'étend jusqu'à une très lointaine ligne de bois. Devant la ville, le fleuve, ses îles de roseaux et, sur l'autre rive, la plaine immense dont quelques broussailles couvrent à peine la nudité.

Et rien qui rappelle le nom de Marchand ni que, par lui, cette terre fut un moment française.

*
* *

CHILLOUKS. — ALABRANT

UN GROUPE DE CHILLOUKS

Hier, le bateau a été préparé pour le retour : la voile a été pliée, le mât a disparu; au dessus de ses bords, s'élève seul l'abri de paille en forme de berceau. Il s'agit d'offrir le moins de prise possible au vent, qui, tout l'hiver, souffle du nord. La nuit venue, le vent tombé, la felouque est partie à la dérive. Nous sommes venus poussés contre le courant par le vent. Nous nous en allons poussés contre le vent par le courant. Et déjà le fleuve nous a portés assez loin en l'absence de toute brise, car, au jour, nous approchons de ce marais d'où les quatre Chillouks, pris de crainte à la vue de nos turbans, s'étaient enfuis et dont nous avions tenté vainement le passage. Comme alors un peu de vent du nord s'élève, notre marche devient lente et comme, vers neuf heures, il a pris toute sa force, nous cessons d'avancer. Le bateau reste sur place, présentant le flanc aux longues ondulations transversales que le vent soulève et pousse contre nous. Mais, ayant observé que des îlots de joncs continuaient à descendre, à l'arrière de l'un d'eux je fais amarrer la felouque. Cet amas de joncs dont les racines emmêlées retiennent de grosses mottes de terre est environ trois fois plus grand que le bateau. Nous ralentissons sa course, mais il nous emmène à la dérive et, comme il subit le choc des vagues, il atténue sensiblement et même fait disparaître le désagréable roulis qu'il nous avait fallu supporter.

Ainsi, devant nous, défilent les rivages connus : la plaine et la forêt désertes du pays Denka et, sans fin, sur la rive opposée, le marais chillouk avec, en recul, sa ligne de bois et d'herbes jaunes où les inabordables villages se succèdent.

Notre remorqueur offre une autre ressource : jardin flottant annexé à la maison flottante, j'y puis, de temps à autre, faire une petite promenade. Mais il me faut bientôt me priver de cet agrément. Vers la fin de l'après-midi, le jardin remorqueur montre une grande paresse : il s'en va frôlant les joncs de la rive denka et manifeste si bien l'intention d'y faire séjour que, profitant de la chute du vent, nous

nous séparons de cet objet de luxe ralentisseur pour nous confier au seul courant utilitaire.

*
* *

Ce matin, le vent se tait. Sur le fleuve, qui ressemblait tout à l'heure à une masse de mercure immobile, le soleil levant met la couleur ardente des fins du jour. Puis, le Nil devient une gigantesque coulée de métal blanc qui porte vers le nord une barque solitaire et des corbeilles de roseaux. En ce matin, calme comme le déclin du jour, chaud comme les plus lourds après-midi, les hippopotames se baignent à grand bruit ainsi qu'ils ont coutume de faire lorsqu'aux approches du soir le fleuve déjà s'endort; ils poursuivent leurs jeux nautiques en ce matin où le fleuve n'est point encore éveillé. Dans les prairies denkas, une troupe d'antilopes, somnolant encore proche de nous, s'inquiète en entendant nos voix et, à grands bonds, s'enfuit. Au bord même de l'eau, immobile sur la racine des joncs, un grand échassier rêve...

Mélut passe. Le vent souffle doucement du nord et nous rejette vers les marais. Pour franchir la courbe, les hommes manœuvrent des rames énormes, portées sur une sorte de trapèze qui dépasse de près de deux mètres les bords du bateau. Nous nous maintenons ainsi dans le courant. Pendant la nuit, nous nous arrêtons en un point de la rive du district de Kaka, où elle commence à être abordable.

*
* *

Ce matin, je descends à terre. Après une heure de marche dans la direction du sud, le dernier village de Kaka est dépassé. Encore une heure de marche au milieu des bois et j'atteins le premier village de la région de Mélut. Le bétail, sorti des vastes huttes qui lui servent

AU PREMIER PLAN UN CHILLOUK COUVERT
DE CENDRE DE BOUSE DE VACHE

PIROGUE CHILLOUK

d'abri, est tenu à l'attache à des pieux-fichés en terre suivant plusieurs cercles concentriques. Un enfant trait une vache qui lui donne le très peu de lait que peuvent fournir ces bêtes mal nourries. Un autre se lave les mains dans son urine. Puis, des gardiens les détachent pour les conduire dans la prairie jaune et boire au marais; alors, les enfants recueillent avec soin la bouse et l'étalent au soleil pour qu'elle sèche avant d'être brûlée; la cendre fournira l'enduit du corps et des cheveux.

Les hommes me font accueil. Nous nous asseyons à terre à l'ombre d'une maison. Des jeunes gens nous joignent dont les cheveux encore trop courts sont roulés en une multitude de petites boulettes rougies par la terre glaise et luisantes de graisse; quelques-uns ont réparti leurs plus longs cheveux en une quantité de petites mèches semblablement traitées et qui retombent de toutes parts; les autres sont déjà coiffés de leurs chaperons de cheveux, posés très en arrière de la tête et qui encadrent d'une auréole sombre leurs visages. Presque tous, avec leurs yeux allongés, ouverts à fleur de tête, leurs pommettes saillantes, leur bouche forte, font songer à des Asiatiques. Mais il n'en manque pas aussi dont la figure ovale, le nez droit, le front heureusement modelé, les traits fins et réguliers pourraient faire envie à plus d'un Européen. D'autres, au contraire, voisinent avec le type nègre. Deux Chillouks m'invitent à visiter leur maison et à boire le mérisse.

Je traverse, au retour, les différents villages. Les hommes sont réunis à l'ombre d'un arbre. Ils fabriquent des paniers ou fument, en causant. L'un d'eux, armé d'une lance et d'un bouclier, me donne le spectacle d'une danse guerrière. Plus loin, je rencontre deux Chillouks qui, ayant quitté tout jeunes leur pays pour prendre du service comme soldats de l'armée anglo-égyptienne, sont devenus et sont restés musulmans. Le fils du chef d'un village voisin, enlevé par les Mâhdistes alors qu'il était tout petit, emmené à Ondourman, élevé dans l'islamisme, a gardé sa croyance. C'est aujourd'hui un jeune homme d'environ dix-huit ans, qui reste très attaché à l'idée de Dieu, de Mahomet prophète et du châtiment du feu éternel pour tous les infidèles.

Il existe donc des points de pénétration de l'Islam dans la masse Chillouk jusqu'alors réfractaire à sa propagande : ces quelques convertis peuvent la préparer à adopter cette religion à laquelle les races noires inclinent si aisément. L'attachement de ces Chillouks isolés à une croyance adoptée au hasard d'un engagement militaire ou d'un rapt rend plus sensible encore la force de permanence de la foi musulmane dans l'âme de ceux qu'elle a touchés. Les raisons habituelles de cette fixité, qui sont, en pays arabe ou arabisé, l'autorité contraignante et menaçante d'un gouvernement spirituel et temporel tout ensemble, ainsi que des pratiques publiques si fréquentes qu'elles font d'un musulman laïc l'équivalent d'un prêtre ou même d'un moine, ne font pas sentir ici leur influence : la foi musulmane y agit par sa seule vertu, qui est d'élever l'homme par une vérité et de l'abaisser par une superstition; ainsi bloqué entre l'une et l'autre, il est condamné à une longue immobilité que la liberté donnée à ses passions lui rend très chère.

Il en est, au contraire, de la vérité intégrale comme de la perfection morale : par cela même qu'elles ne viennent pas de nous et que, surhumaines mais accessibles, elles sont atteintes au prix de longs efforts, elles ne demeurent en nous qu'à l'état instable. Nous tendons à leur échapper. Et nous leur échappons souvent pour retourner à notre ignorance et à notre bassesse : ainsi, l'erreur et le mal renaissent dans le monde, y prolongeant leur règne. Il y a, pour les individus et pour les peuples qui ont connu la lumière du Vrai et la beauté du Bien, des heures et des époques d'obscurité intellectuelle et de déchéance morale. Ils retournent à leur mensonge et à leur vice originel; et, pour se justifier, ils disent qu'ils pratiquent une religion conforme à la Nature et observent les lois d'une morale définie par nos besoins; et il est vrai que leur religion n'est plus que leur science des phénomènes physiques et, leur morale, que le code de leurs instincts matériels.

Ils auraient, dès ce moment, trouvé leur équilibre définitif, s'il n'existait chez l'homme une tendance indestructible à regarder en haut et à aspirer au mieux. Il se peut donc qu'ils rejettent leur erreur et regrettent leurs fautes et connaissent à nouveau, avec la jeunesse éternelle du vrai, la floraison des vertus. Mais si, par malheur, ils rencontrent un de ces compromis artificiels entre la vérité et le mensonge, le bien et le mal, que savent fabriquer des politiques de génie comme Mahomet, Henri VIII ou Calvin, alors ils tombent au pire qui est de s'excuser de ce qui accuse en se glorifiant de ce qui absout et, s'ils n'atteignent pas à cet équilibre définitif qui n'est pas le fait de l'homme, du moins restent-ils pour de longs temps les prisonniers satisfaits d'une vérité et d'un mensonge.

Un avenir prochain dira si c'est à la voie du progrès illimité par le christianisme ou bien à l'impasse de l'Islam que les Chillouks seront conduits. A cette heure encore, ils ne paraissent guère éprouver le désir de se dégager de leurs lointaines traditions. Elles sont ce que les a faites leur expérience séculaire. Comme tous les hommes livrés aux seules lumières de leur intelligence, ils ont observé, réfléchi et fait une science qui leur a fourni les règles de leur activité matérielle, religieuse et morale. Riverains d'un grand fleuve, réduits par le voisinage des Baggaras hostiles et guerriers à n'occuper le long des marais du Nil qu'une bande étroite de ses rives, leur pensée balbutiante a suivi une marche qu'il n'est peut-être pas impossible de reconstituer. L'univers s'est réduit pour eux à cet étroit univers et, comme ils en étaient les prisonniers, leur pensée y a été recluse. Le ciel étoilé ne fournira pas d'aliment à l'activité de leur esprit : ce sont les peuples voyageurs qui ont ressenti le vif besoin de regarder haut et loin pour se diriger dans l'inconnu. Ramener la vie de la terre à l'activité du soleil constitue déjà une vaste généralisation qui suppose une expérience plus riche par le nombre et la variété de ses éléments. La science des Chillouks sera étroite comme leur territoire et pauvre comme lui. Les seuls phénomènes qui vont y entrer sont ceux qui constituent la vie du fleuve et de la forêt. Recélant les animaux dont on peut se nourrir et ceux contre lesquels il faut se défendre, le fleuve et la forêt apparaissent comme des puissances qui donnent la vie et la retirent; comme ils s'étendent bien au delà de ce que l'homme en peut connaître, ils lui semblent d'une grandeur qui le dépasse et, comme ils se prolongent dans le mystère de lointains inconnus et inaccessibles, ils sont pour lui ce qu'est l'Absolu pour les agnostiques qui se croient dépourvus de tout moyen d'y jamais atteindre : l'Enigme suprême, devant laquelle il faut se prosterner. Ainsi, des esprits des bois et des eaux, répandus dans les marais et dans les airs, le Chillouk fait l'objet de ses adorations : son culte s'adresse aux conclusions dernières de sa science des faits.

Mais sa pensée ne s'attache pas qu'au général : elle risquerait de se perdre dans le vague et, comme le Chillouk s'est élevé au général par la voie des faits particuliers, il sait que ceux-ci ont leur prix. Sa religion étant la religion de sa science et sa science ayant pour matière, à côté du général, le particulier, son culte ne s'adressera pas qu'aux généralisations dernières de sa science, mais aussi à certains des éléments dont elle se compose. Et comme l'animal qu'il a su domestiquer, la vache, lui donne le meilleur cuir et le meilleur lait et lui paraît ainsi exceptionnellement bienfaisante, il en fait le symbole vénérable des bêtes utiles, il lui ménage une place toute spéciale dans ses affections jusqu'à lui vouer un culte : elle devient sacrée; la tuer est un crime; sa mort, un deuil public; durant qu'elle vit, tout ce qui vient d'elle est précieux; on mélange aux aliments son urine et, de ses excréments, on tire une parure.

Voler et tuer sont défendus, du moins entre Chillouks, sinon toute vie sociale deviendrait impossible et l'homme isolé ne peut se

CHILLOUKS DESCENDANT LE FLEUVE

SUR LA PISTE QUI VA DE RENK (NIL BLANC) A ROSEIRÈS (NIL BLEU) :
LE VILLAGE DE GÉBEL GOULÉ

suffire à lui-même. Tout le reste est licite, puisque tout le reste est besoin. Les étrangers peuvent être des amis et il n'est pas de raison de les mal recevoir; ils peuvent être des ennemis contre lesquels il est de toute nécessité de se défendre; il faut des guerriers pour lutter contre les Baggaras; les jeunes gens et les hommes remplissent cette fonction. Les vieillards gouvernent, car ils ont l'expérience de l'âge. Les adultes instruisent les jeunes et, transmettant la science acquise, transmettent la religion greffée sur cette science. Le sorcier en est l'interprète et le gardien respecté et craint. La théocratie laïque et naturaliste est constituée.

L'esprit humain n'a pas évolué, comme l'imaginait Auguste Comte, de l'état théologique à l'état métaphysique et de celui-ci à l'état scientifique. Les trois états sont toujours simultanés. Mais, en dehors de la religion révélée, ils se confondent et la science constitue toute la métaphysique et toute la religion. Si la religion révélée intervient, les trois états se distinguent et se hiérarchisent tout en conservant chacun, dans son domaine propre, son autonomie, de sorte que, là seulement, la pensée humaine est vraiment libre : elle est libre à la fois parce qu'elle est libérée de l'erreur et parce que, là où elle peut atteindre par ses propres forces certaines vérités, elle y parvient librement; elle s'y élève par un effort continuel; elle est en continuel progrès. Lorsqu'au contraire les trois états se confondent, la pensée perd, avec son activité, sa liberté : les conclusions scientifiques, formulées en axiomes philosophiques et en dogmes religieux, ne peuvent plus être réformées ni se développer et s'enrichir; ce sont les périodes d'immobilisme de l'histoire de l'esprit humain.

Hors de la religion révélée, toute société se constitue nécessairement en théocratie naturaliste et la croyance collective ne s'élabore pas autrement que chez les Chillouks. Les variantes qui s'y introduisent sont le produit du tempérament particulier d'un peuple, des conditions matérielles de son existence et du degré de développement que sa science a été capable d'atteindre. Mais le chemin suivi est toujours le même : des observations nécessitées par les besoins de la vie individuelle et sociale; une généralisation, exacte ou non, des faits observés; les conclusions de cette science tenués pour des vérités sociales, morales, religieuses, érigées en dogme, faisant l'objet d'un culte et confiées à une tradition inerte. Le sorcier du pays noir est le médecin. Les prêtres de la vieille Égypte sont les savants. Les Mages de la Perse, les astronomes et les physiciens. Chez les Latins, les arpenteurs sont prêtres, leur science un dogme, la pratique de leur science un rite. Sans se douter qu'ils proclamaient par là que la science humaine est un vain songe qui assemble nos illusions, et parce que seulement ils aimaient la beauté, les Grecs avaient pour savants les poètes et leur science était poésie. La science de notre temps tend, aux mains des scientistes, à s'imposer comme une religion. J'ai connu un géomètre pour qui le théorème d'Archimède était une prière. Nos contemporains n'ont pas atteint les solutions des énigmes du monde en suivant les voies de la science, parce que ces voies ne conduisent pas jusqu'à cette solution. Mais leur illusion est que la vérité scientifique est l'unique Vérité et toute la Vérité, qu'elle résout tous les problèmes et que, par conséquent, en elle il y a une politique, une philosophie, une morale, une religion. Quelque développée que soit leur science, leur pensée a fait retour à la pensée primitive; ils ont vocation de sorciers et d'augures; un Haeckel et un Berthelot ne sont que des Chillouks.

..... La nuit est venue, où des incendies de plaines mettent de très lointains reflets. La barque se laisse aller à la dérive. Si calmes sont les eaux que l'on n'imagine pas qu'elles marchent. Même l'on ne saurait croire qu'un fleuve nous porte. C'est plutôt un autre ciel où brillent d'autres étoiles. Nous sommes comme suspendus entre deux immensités que séparent seuls le trait noir, si mince, des roseaux, et le reflet rose des herbes incendiées...

* *

Nous n'avons pas tardé à nous arrêter, cette nuit, à l'autre extrémité du district de Kaka, non loin d'un village où l'on nous a fait espérer que, le soir, les Chillouks danseraient. Mais, à la fin de ce jour,
nous apprenons qu'un chef du voisinage étant mort il n'y aura pas de
réjouissances. Après le coucher du soleil, je monte, à travers la prairie, jusqu'aux chaumières groupées autour d'un grand arbre. Aux
abords du village, à demi entourées d'une palissade de joncs, les vaches
penchent au-dessus du piquet d'attache leur grand front songeur. Le
feu a été mis à de petits tas de bouses séchées et une fumée épaisse
monte qui éloigne les moustiques des bêtes aimées. A l'entrée de l'enclos, des hommes font cercle; ils nous disent : « Salut à vous! Soyez
les bienvenus! » Nous les laissons manger leur pâte de doura baignée
de lait aigre : les sons légers et comme très lointains d'un instrument
nous attirent au fond de la clôture. Là, un Chillouk, seul, assis sur
des roseaux, pince les cordes d'une cithare et fait résonner la peau
tendue. De petites notes monotones et grêles se mêlent aux claquements discrets et brefs. De temps à autre, il s'accompagne d'un murmure de sa voix, une modulation très douce et pleine de mélancolie,
qui conte aux vaches aimées, en un langage qui nous est inconnu, les
douces choses dont elles nourrissent leur rêve. A demi perdues dans la
fumée, immobiles, elles penchent au-dessus du piquet d'attache leur
grand front où passent des songes que nous ne saurons jamais. Elles
écoutent, comme charmées, le Chillouk qui fait parler son âme dans
la musique si douce que sa voix et la cithare murmurent. Il est assis
sur des roseaux, une jambe à demi repliée; dans l'ombre, on devine les
bracelets de perles qui cerclent ses bras, les colliers qui s'étagent sur
sa poitrine et, sous la large coiffure ornée de grandes plumes, un délicat profil; la tête un peu penchée, il regarde le nuage qui monte du

sol et où lui apparaissent, immobiles et rêveuses, ses divinités. Il n'a pas semblé nous voir. A elles il continue de dire, dans ce murmure de musique et de chant qui semble venir d'ailleurs, les choses très douces qui emplissent son âme...

LE VILLAGE DU GÉBEL GOULÉ

LE VILLAGE VU DES PREMIÈRES PENTES DU GÉBEL GOULÉ

CHAPITRE IV

DU NIL BLANC AU NIL BLEU

u départ de Renck.

Les petits ânes sont là, près la felouque, sur le bord du Nil Blanc, qui attendent leur charge. Le jour vient de se lever, chassant les nuées de moustiques qui, toute la nuit, ont cherché leur proie. Les Arabes âniers répartissent le bagage et la petite caravane trottinante s'enfonce dans la haute paille séchée des champs de doura : elle s'en va vers l'autre Nil, le Nil d'Abyssinie, le Nil Bleu.

Tout près du village de Renck, elle passe. Elle suit l'étroit sentier qui s'enfonce dans le chaume si haut des champs; voyageurs et montures disparaissent tout entiers dans cette forêt de gros roseaux jaunes qui, privés de leurs lourdes grappes de grains, semblent une nouvelle moisson d'or qui attend de nouveaux moissonneurs. De loin en loin, sur le sentier s'ouvre un hameau : près des huttes, sur un petit plancher que quatre pieux isolent de terre, s'entassent les récoltes, les provisions de pain de la famille, les lourdes grappes de doura mûr. Ensuite, les indigènes retourneront aux champs pour la moisson des pailles couleur d'or, des chaumes si hauts, des roseaux jaunes où s'enfoncent, où disparaissent les voyageurs et leurs trottinantes montures.

Près d'une heure se passe. Et c'est fini des hommes qui travaillent, de la terre qui produit. La forêt commence, l'immense forêt qui s'étend entre les deux Nils : une forêt de buissons, de broussailles, une sorte de bois taillis aux branches touffues et nues ainsi qu'il arrive chez nous lorsque, le vent d'automne ayant emporté toutes les feuilles, il ne reste rien aux arbres pour l'hiver, ni vêtement ni parure. Du sol, montent les herbes séchées, partout du moins où, la flamme n'ayant pas été mise, ne s'ouvrent pas des sortes de clairières de terre noire, dure, fendillée comme par le gel de nos grands hivers. On dirait vraiment quelqu'une de nos plaines de chasse ou l'un de nos grands plateaux boisés. On se croirait au temps des froidures et, pour qu'à l'illusion l'illusion s'ajoute, j'entends que souffle le vent du nord et que les branches mortes chantent les chansons de l'hiver comme, chez nous, les grands bois taillis qui sont morts.

Mais c'est la chaleur d'un éternel été qui a durci et fendu cette terre noire, avide de produire et assoiffée. Le soleil a brûlé ces herbes, séché, flétri ces feuillages, et le vent, qui met dans les branches mortes la chanson mélancolique de nos bois d'hiver, nous souffle l'ardeur du soleil au visage.

Le sentier s'enfonce dans les broussailles et les taillis dénudés. La plaine semble sans fin sous son vêtement de branchages, la forêt déserte qui chante. Par le sentier, sur la terre noire, fendillée, dure, ou par les herbes flétries, s'en va la petite caravane trottinante. La chaleur de nos plus brûlants étés s'étend sur les bois qui ressemblent aux bois de chez nous, au cœur des durs hivers.

*
* *

Aujourd'hui...

Nous nous éloignons du campement à travers une forêt qui se verdit d'une toute jeune verdure. Dans ces parages du Gébel Goulé, le sol doit recéler les eaux qui jaillissent en sources au pied de la montagne. Les arbres, qui sont de grands buissons, se couvrent de jeunes pousses, se vêtent de feuilles nouvelles, de petites feuilles, très menues et d'un vert pâle. Toute cette végétation s'accumule en massifs épais, en bosquets qui renaissent. Et, dans les grandes clairières plantées de mimosas, c'est une multitude de troncs minces, couleur rouge sang, qui s'élancent, et de cimes qui s'étalent fleuries de fleurs jaunes dont l'air est embaumé. En divers endroits, du milieu des feuilles nouvelles et des fleurs, montent des branches nues disant l'hiver qui vient de finir, des rameaux attardés, paresseux, et d'autres aussi, très vieux, qui ne reverdiront jamais. Des gazelles fuient aux côtés du sentier; dans les clairières, par grandes troupes, courent les pintades... Partout, fleurs parfumées et feuilles vert nouveau, comme aux bois de chez nous quand Printemps fait retour...

La nuit descend sur le sentier qui court presque en droite ligne de Renck au Gébel Goulé. Depuis quelques heures déjà, tout à l'extrémité de la piste, entre la double haie des arbres, le Goulé dresse son cône aigu. Mais, quand nous surprend la nuit, le Gébel est loin encore, où nous devons trouver eau et gîte, et mes gens me disent qu'à la faveur des ténèbres les léopards descendent de leurs retraites de la montagne et partent en chasse dans la forêt. La lune, presque parvenue à son plein, jette sur les taillis épais sa troublante clarté. Le vent met dans les branches des froissements qui inquiètent. Plus loin, aux approches du Gébel, de grands incendies ont dévasté la plaine, de vastes espaces noircis par le feu entourent la montagne solitaire et, sur la terre calcinée par la flamme, sur les arbres à demi brûlés, sur la cendre des grandes herbes, se promène la déformante clarté de la lune. On devine plus qu'on ne voit le sentier. Mon âne, sentant l'approche de l'étape, retrouve sa vivacité. Proches, deux troncs calcinés, me semble-t-il, se dressent contre la piste. Mais, à moins de vingt pas, l'âne fait un brusque écart, manque de me jeter à terre, s'arrête court et l'un des troncs file d'un pas oblique et souple : j'entrevois l'échine arrondie d'une grosse hyène et j'entends presque aussitôt son triste hurlement. L'œil aux aguets, nous traversons de grandes herbes sèches qu'a épargnées le feu. Le Goulé nous apparaît, tout voisin, tel un colossal amas de blocs géants, profondément sculpté par la froide lumière de la lune. Puis, ce sont quelques baobabs, le profil aigu des tokols d'un village, le jappement des chiens, la forme blanche de quelques Arabes qui viennent à nous et nous guident vers la hutte des hôtes.

Le soleil s'est levé au-dessus des montagnes d'Abyssinie qui tracent, à l'extrémité sud-est de la plaine indéfinie du Soudan, une longue ligne bleue. La forêt s'étale devant le village, construit contre la base du Goulé : on ne dépasse la dernière hutte que pour escalader la première roche. Le Gébel allonge dans le sens de la marche du soleil sa croupe de granit. Rien ne prépare à l'étonnante apparition, au milieu de ces plaines sans limites, d'un tel monstre dressant comme une muraille à peine inclinée, où s'accrochent quelques arbres, des buissons et de longues traînées d'herbes sèches, la puissante accumulation d'énormes blocs qui escaladent le ciel. Une sorte d'entaille profonde, où des rocs s'amoncellent jusqu'à la cime, invite à tenter l'ascension de la montagne.

Deux âniers m'accompagnent, armés de javelots barbelés. Nous gravissons les rochers, nous aidant des mains autant que des pieds et salués dans notre effort par le jappement d'une troupe de singes. Ils semblent indignés qu'on ose ainsi violer leur domaine. Ils nous accompagnent à distance, nous devançant par des passages interdits à notre moindre adresse. L'ânier qui ouvre la marche et explore avec soin, les fouillant de son javelot, les petites cavernes ouvertes sous les

ASCENSION DU GÉBEL GOULÉ. UN DE MES ANIERS,
UN DARFORI

SUR LA CIME DU GÉBEL GOULÉ. — UN DE MES HOMMES, UN MÉTIS
D'ARABE ET DE NÈGRE. — AU MILIEU DE L'IMMENSE PLAINE COU-
VERTE DE FORÊTS, ON APERÇOIT LA PISTE QUI VIENT DE RENK

rochers que nous devons gravir, est un ennemi plus redoutable que le léopard : au bout de dix minutes, il déclare que le passage est de plus en plus mauvais et qu'il est préférable de ne pas aller plus haut. Un commandement bref : « Marche ! » le remet en mouvement. Imitant les singes qui nous devancent et à prudente distance nous attendent, nous travaillons des mains autant que des pieds, nous rampons sous des roches, nous nous aidons des moindres aspérités pour nous élever sur un bloc de pierre qui, de loin, semblait tout à fait lisse, nous rendons complices de notre effort les herbes sèches et les broussailles ou les branches basses de quelques petits arbres. Puis, l'ânier s'arrête encore et déclare qu'il est impossible de continuer à grimper parce qu'au-dessus de nous se dressent des rocs à surfaces droites, inaccessibles. Un « Yalla ! » (¹) plus énergique a raison de cette dernière résistance et nous atteignons l'arête du Goulé.

Le versant nord descend à pic jusqu'à la plaine. Sur les grandes roches surplombantes de l'éperon qui s'oriente vers le sentier rectiligne de Renck, la troupe des singes s'assied et, tournée vers nous, nous observe. A nos pieds et de toutes parts, c'est la plaine infinie et déserte sous le vêtement sombre des forêts. Leurs arbres présentent, par places, le feuillage de rouille de nos automnes, la verdure neuve de nos printemps, la nudité de nos hivers. Petits, plus petits encore à cette distance, ils ressemblent un peu aux herbes des marais desséchés : on songe à un marécage d'où l'eau a disparu et dont les joncs s'apprêtent à mourir. Rien n'indique qu'il y ait quelque part des êtres vivants, ni au nord, vers le pays arabe de Gézireh, ni au sud, où Fonkos et Denkas ont leur part de territoire entre les deux Nils. Le Nil Blanc se laisse deviner par le reflet clair de son cours et je vois, comme deux points de repère, le massif du Gébelein vers Goz Abou Gouma, le massif du Gébel Ahmed Agha vers les abords du pays Chil-

(¹) En avant !

louk, ces deux masses isolées au pied desquelles, un matin, une felouque solitaire sur un fleuve désert passa. Au delà de la ligne devinée
du Nil Blanc, les profondeurs du Kordofan mettent leur nuance sombre. Vers la haute vallée du Nil Bleu, d'autres monts surgissent tout
d'un coup de la plaine, aussi inattendus que le Goulé lui-même et,
comme lui, de ce rude aspect qu'offrent les roches dénudées : ils semblent les émissaires, perdus dans l'immensité, des hauts plateaux
abyssins qui dressent, au sud-est, un long rempart bleu. De cette cime,
le spectacle est plus surprenant, plus grandiose que de tout autre
sommet en pays de montagnes : nulle part au monde, œil humain ne
peut envelopper une plus vaste étendue. A nos pieds, le sommet qui
nous porte paraît un petit monde chaotique avec ses vallons, ses
cavernes, ses précipices, ses arbres, ses broussailles, un petit monde
tourmenté et lumineux perdu dans les hauteurs du ciel, au milieu d'une
plaine sombre, déserte et grande comme l'univers... Mais l'homme
n'habite pas les cimes. Il ne s'y élève que pour des instants trop courts.
Et la descente commença...

*
* *

Après avoir dormi encore au village de Goulé.

Les dernières maisons de chaume dépassées, nous longeons la
base de la longue croupe du Goulé qui dessine, avec sa succession de
petits cols et de petits sommets, comme une chaîne de montagnes
en miniature. De sa base, coulent des sources qui entretiennent la
fraîche verdure d'une sorte de pelouse ornée comme dans nos jardins
de jeunes palmiers-doums, petits et touffus. Au pied de l'entassement
des grosses roches grises mêlées de broussailles, cet ensemble de prairie, de palmiers, de petits arbres et aussi de grands arbres qui dressent
très haut leur tête chevelue et tracent à terre un cercle d'ombre
épaisse, nous transporte, bien loin du Soudan brûlé de soleil, dénudé

ou desséché, dans quelque aimable parc aménagé entre une montagne
et une forêt.

Mais cette vision s'évanouit vite... Le sentier s'enfonce dans de
hautes herbes jaunes au delà desquelles les bois recommencent. Si
l'on ne savait que c'est là vraiment le sentier, jamais on ne s'engage-
rait sur cette sorte de piste à peine tracée, dont les herbes sont seulement couchées comme au passage des biches. Prévenu, par bonheur,
de cette difficulté, j'avais, la veille, fait reconnaître le chemin par le
chef ânier dont je venais de tirer l'aveu qu'il n'avait jamais été à
Roseirès où cependant il avait pris l'engagement de me conduire.
Bien que je lui aie dit, le sachant de façon certaine par un inspecteur
anglais du district, qu'il y a deux jours et demi de marche et un seul
puits jusqu'au Nil Bleu, il préfère s'en tenir aux mensonges des habitants du Goulé qui lui affirmaient, hier, que deux jours de route suffisent et que l'on trouve, partout où l'on veut, de l'eau. Aussi, d'ac-
cord avec les âniers qui trouvaient mon allure trop rapide et n'arri-
vaient à l'étape, même en poussant leurs bêtes chargées de bagages
et d'outres d'eau, qu'une heure après les ânes de selle, le chef ânier
marche à pied devant moi pour ralentir ma monture. Mais la ruse est
vite éventée : moins indifférent à l'éloignement du Nil Bleu et aux
conséquences du manque d'eau, je le fais remonter sur son âne et
derrière moi qui conduirai la caravane sans souci des silences désap-
probateurs d'Arabes qui me craignent, ni des murmures d'un Darfori
qui n'a pas encore renoncé à ses habitudes de franche hostilité et ne
croit pas que, parlant si mal sa langue, cependant je le comprends
ou, ne le comprenant pas, je le devine.

Presque tout le jour, nous traversons une forêt de mimosas,
forêt printanière, fleurie mais sans ombre, où s'abat, après la vive
fraîcheur des nuits, le poids accablant d'un soleil ardent. Comme les
deux premiers jours, la halte se fait sous l'ombre rare des branches
effeuillées. Une grande troupe de gazelles, troublée par notre approche,

s'écarte à distance d'une arme de trait et, prête à une nouvelle fuite, nous observe. Au-dessus d'un petit arbre, paraît, emmanchée d'un long cou, la tête d'une girafe : elle regarde, curieuse, et, sans bruit, disparaît.

..... Le soir descend sur le taillis clairsemé. Des prairies d'herbes parfumées couvrent la terre. Des autruches, surprises, se hâtent au loin...

*
* *

... Des taillis d'automne, à perte de vue, tout ce jour : de petits arbres à feuillage de rouille, de grandes prairies d'herbes à feuilles rougeâtres; en fuite, des pintades, des autruches, des gazelles. Je crains toujours que l'eau des outres ne suffise pas si je laisse mes hommes promener, sur cette piste déserte qu'ils n'ont jamais parcourue, une flânerie imprévoyante et paresseuse; aussi, pour les obliger à hâter le pas, suis-je parti en tête, seul.

Vers le milieu de l'après-midi, une masse rocheuse apparaît au-dessus des bois toute baignée de soleil. Le sol se creuse, des herbes vertes plongent dans l'eau. Du milieu des champs de doura, s'élancent quelques toits pointus de tokols, montent d'épais baobabs et la chaîne boisée du Gébel Agadi égrène sur un court espace une demi-douzaine de masses rocheuses parées de palmiers-doums.

Près des sources, un groupe de huttes palissadé offre aux voyageurs un abri : j'y trouve deux soldats Chillouks, vêtus de l'uniforme, coiffés du tarbouch, qui, à la fin de leur engagement, retourneront en sentinelles avancées de l'Islam dans les villages noirs encore étrangers à cette religion de haine. Non loin de l'abri des voyageurs, un village arabe sème ses maisons sur le flanc d'une des montagnes, parmi les palmiers et les rocs. L'oasis ne donne pas, après la traversée des grands sables, une impression plus vive d'aimable accueil et de vie heureuse qu'au sortir de l'aride forêt ce coin de terre verte, étroitement limitée par des amas de roches brillantes où s'étale l'éventail des palmiers. Et quand j'eus escaladé les roches d'où se déroule jusqu'aux confins du monde et jusqu'à la haute muraille du plateau abyssin une forêt sombre, déserte, hostile, il m'a paru qu'il y avait, au pied de ces monts de granit, tous les éléments du bonheur : l'eau, la verdure, le blé, les rochers, la montagne, l'oubli et, dans les cavernes du Gébel, un animal moins redoutable que l'homme, le lion.

*
* *

Au matin...

Sur le flanc du Gébel Agadi roule encore le disque rouge de la pleine lune, pendant qu'au-dessus des forêts qui développent vers l'orient leur tapis sombre s'élève le disque sanglant du soleil. Un bois de baobabs aux troncs géants s'allonge au pied d'un massif rocheux dont le flanc se hérisse des toits aigus du village. Et le sentier nous entraîne au travers de la plaine, dans la forêt de mimosas.

Après des heures de marche, nous pénétrons dans un bois d'automne aux feuilles jaunies. Parfois, une ondulation du sol forme une sorte de vallon ombragé d'arbres verts, de doums, de buissons et où coulait l'eau pendant la saison des pluies, épargnant aux éléphants du voisinage de descendre, pour boire, jusqu'au Fleuve Bleu. Aux abords du Nil, ce n'est plus qu'une succession de vallonnements encombrés de baobabs, de palmiers, de buissons, une végétation dont l'abondance contraste avec l'aride forêt au travers de laquelle nous avons marché pendant des jours.

Le Bahr-el-Azraq coule ses eaux d'hiver, appauvries, au fond d'un lit étroit que des bancs de sable diminuent encore. Les berges, très élevées, encaissent son cours sinueux; des forêts de baobabs, de palmiers et d'arbres verts les ombragent. Sur l'autre rive, perdues dans les bois, se dressent les huttes de Roseirès.

* *
*

Roseirès.

Les habitations se groupent sur une sorte d'esplanade semée de quelques baobabs et de grands arbres verts où volent des petits oiseaux au ventre rouge sang ou bleu turquoise. La riche végétation de cette terre féconde et arrosée presse de toutes parts la petite ville : les herbes, les buissons, les arbustes, les palmiers-doums, les baobabs, qui menacent de l'envahir, l'entourent d'une épaisse ceinture. De Roseirès, haut placée sur la rive droite du fleuve, la vue s'étend au loin, mais sans franchir la barrière de l'immense forêt couleur de rouille comme en nos pays lorsque s'achève l'automne. Le Bahr-el-Azraq a écoulé toutes les grandes eaux de la saison des pluies : replié tout au fond de son lit, entre des berges hautes, encombré de larges bancs de sable, il n'est plus qu'une rivière rapide où les felouques ne voyagent plus; au pied de Roseirès, au milieu des forêts, il décrit une courbe profonde. De la petite ville, on descend jusqu'à lui par des sentiers perdus au milieu des herbes, des buissons, des baobabs et des palmiers, sorte de parc accidenté, de jardin d'aspect rare, où la fantaisie de la nature sait trop plaire pour qu'il soit besoin de l'assujettir à la nôtre.

Roseirès est peu peuplée. Les Arabes venus du nord s'y trouvent en contact avec les nègres; les deux races se mélangent; dans les enfants, le sang noir domine, mais l'esprit religieux des Arabes l'emporte; les nègres immigrés du sud se laissent absorber par le milieu musulman; on leur fait dire : « *Lâ ilâha ill' Allah, Mohammed rassoul'oullah* », on les circoncit, on les coiffe d'un tarbouch, on leur dit qu' « ils ont *le Livre* », ce qui signifie le Livre de Dieu, le Coran, qu'à cause de cela ils iront au ciel, que tous les autres hommes seront jetés aux flammes éternelles; et les voilà prisonniers de l'Islam pour toujours. Seuls, les Fonkos, qui habitent la forêt entre Roseirès et la frontière

L'EXTRÊME POINTE DE LA CIME DU GÉBEL GOULÉ

LE GÉBEL AGADI, VOISIN DU GÉBEL GOULÉ

abyssine, ont la réputation de n'être convertis qu'en apparence. On en voit quelques-uns à Goulé ou bien au soûk de Roseirès qu'ils fréquentent pour de menus achats. Leurs cheveux, liés par une natte mince et longue, enroulée jusqu'au sommet de la tête, les coiffent d'une sorte de mitre. Mais les nègres qui descendent le Nil Blanc sont entièrement acquis à leur nouvelle religion. La puissance de l'islamisme s'accroît ainsi, sans cesse, de toutes les recrues que l'Afrique du centre lui fournit sans arrêt, et le péril qu'elle crée grandit. Des gouvernements d'origine chrétienne veulent ignorer cette menace et ne font rien pour la conjurer.

CHAPITRE V

SUR LES BORDS DU NIL BLEU :
VERS KHARTOUM

§ 1. — A travers les forêts.

PRÈS une nuit passée en face de Roseirès, à même la berge, sous les arbres où gambadait une troupe de singes, nous enfourchons nos ânes.

Le sentier s'enfonce dans les hautes herbes et dans les hautes tiges de doura qui s'étalent au sommet de la rive, où elles forment une bande étroite, resserrée entre le Bahr-el-Azraq et les petits coteaux où finit la forêt. Mais, deux petits villages traversés, la piste s'écarte du fleuve et se perd au milieu des bois. Le sol disparaît sous un épais feutrage de paille, d'herbes flétries et de feuilles mortes. C'est seulement dans le lit desséché des torrents et à leurs abords que reparaissent un peu de verdure et l'éventail rigide des palmiers. La piste, très peu fréquentée, est à ce point envahie par l'herbe et les buissons d'épines qu'on risque à tout moment de s'égarer et de mettre ses vêtements en lambeaux. L'après-midi, nous franchissons de nombreuses dépressions du sol, de petits ravins, qu'envahit une végétation exhubérante. Devant une bifurcation de la piste, au plus épais de la forêt, nous éprouvons une vive perplexité. Après en avoir exploré un peu les deux branches, nous nous décidons pour celle où les herbes sont le plus foulées. Mais elle ne tarde pas à paraître finir à une sorte d'abreuvoir fréquenté au temps où l'eau des pluies s'accumule dans ce repli du sol. Toutefois, nous constatons qu'après s'être perdue pendant quelques pas dans les hautes herbes, elle se poursuit, nettement marquée. On se croirait au milieu de la grande forêt tropicale : une prairie d'herbes aquatiques, verte encore bien que la lagune soit maintenant desséchée, est cernée par des bois impénétrables. La piste contourne la rive du marais, tout au long d'un emmêlement de plantes vertes, de lianes, d'arbustes, de palmiers, dont de grands arbres aux cimes épaisses dominent l'inextricable fouillis. Puis, nous traversons mamelons et ravins jusqu'à ce qu'une grande nappe d'eau paraissant entre les branches nous crions de joie : « Le *Bahr!* le fleuve! » C'est l'étape attendue; et puis, l'eau apportée de Roseirès a été consommée à la halte de midi; certainement le village de Disa est proche, où nous devons dormir !

Une brève descente et nous atteignons une grève ombragée, tout au fond d'une baie circulaire qui forme sans doute comme une poche sur le flanc du fleuve. L'épaisse forêt verte descend jusqu'au sable qui ceinture cette eau morte. D'énormes crocodiles, qui sommeillaient au soleil, se glissent dans l'eau dès qu'ils entendent le bruit de nos voix; et nous voyons, à la surface de l'eau, flotter par douzaines des sortes de bâtons dont le trait noir se meut parfois dans une certaine direction ou bien disparaît. « *Timsah!* des crocodiles! » me disent mes hommes. Par instants, des hippopotames dressent au loin leur mufle énorme, soufflent bruyamment et s'enfoncent dans les eaux. Les âniers font boire leurs bêtes, mais, de peur que quelque crocodile, surgissant soudain de la vase, ne saute au museau de l'animal et l'entraîne, l'homme se tient tout contre l'âne, son javelot levé contre la surface trouble, mystérieuse, inquiétante, de l'eau vaseuse. Le profond silence de cette solitude, le danger que recèlent la forêt muette et la lagune endormie, le déclin du jour ajoutent à notre inquiétude que la disparition de toute piste a fait naître. Deux âniers partent dans la direction du nord, qui est la nôtre : ils ne découvrent aucune trace de pas sur le sable ni sur la terre du rivage. Ils se dirigent du côté opposé où ils ont vu les marques du passage récent d'un âne et disparaissent. Longtemps, j'attends leur retour. Dans une heure, la nuit sera faite : rester ici, c'est se livrer aux hôtes redoutables de l'eau dormante et de la forêt silencieuse; retourner sur nos pas, c'est revenir, à la nuit, à la bifurcation de la piste, au milieu des grandes herbes et des fourrés épais tout pleins de graves menaces...

Les deux âniers, heureusement, reviennent porteurs de bonnes nouvelles. C'est un vaste *khor* que nous avons devant nous, une sorte de lac qui ne communique avec le Nil qu'au temps des grandes eaux : une grande quantité de poissons s'y trouve retenue après l'inondation comme dans un vivier, attirant de nombreux crocodiles. Mes hommes ont rencontré des Arabes dans les champs de l'autre rive, vu, tout proche, le Nil Bleu et aperçu au sommet d'un mamelon les huttes du village de Disa, qui ne se trouve pas à plus d'une demi-heure de marche d'ici. Sur leurs indications, nous longeons le rivage de la lagune où flottent les échines noires des crocodiles, nous traversons de nombreuses pistes d'hippopotames qui se perdent dans les herbes, nous atteignons les champs cultivés. Le lac est maintenant tout entier derrière nous, à demi ceinturé par la sombre forêt. Au delà des cultures, le Nil, presque entièrement à sec, n'est plus qu'un fleuve ensablé. Un peu plus loin, brillent à nouveau ses eaux et nous nous dirigeons vers la falaise de terre que hérissent les toits coniques de Disa.

Du haut de l'éperon qui porte le hameau, le regard court très loin sur la vallée du Nil Bleu : c'est un vaste horizon de forêts qui vont se perdre dans les plaines du nord. La rivière y décrit une vaste courbe. Isolé sur l'autre rive, presque en face Disa, un hameau s'aperçoit à la lisière des bois. Et de là nous viennent, lorsque la lune est montée au ciel, les sons précipités des tambours qui battent la *dellouka* et les voix des Arabes et des Noirs qui chantent en dansant.

*
* *

Ainsi que de coutume, nous sommes debout avant l'aube, activant les préparatifs du départ pendant que, de toutes les rives désertes du fleuve, montent jusqu'à nous les rugissements brefs des lions. Aux premières clartés du jour, la forêt retombe à son inquiétant silence et, à son tour, le village s'éveille : chant des coqs, braiment des ânes, voix des hommes. Le cheikh nous conduit jusque dans le sentier qui s'enfonce sous les arbres.

Au froid qui règne depuis le milieu de la nuit jusqu'au jour, succède la fraîcheur humide du fleuve et des broussailles. Deux ou ou trois heures plus tard, le rayonnement du soleil sera accablant. Après avoir longtemps marché au milieu des mimosas, nous retrouvons les petits ravins qu'encombre une végétation luxuriante. Nous suivons avec peine la piste au milieu des herbes et des buissons épineux qui l'envahissent, des arbres, des palmiers, qui nous contraignent à de continuels détours. A deux ou trois reprises, une bifurcation du sentier nous fait hésiter sur le choix du chemin : les âniers examinent le sol et se décident pour la piste où ils relèvent la trace récente du passage d'un âne. Qu'ils se trompent et nous manquerons d'eau, d'abri ; on ne peut songer à camper, la nuit, dans ces forêts emplies de fauves; plusieurs fois, examinant le sentier, mes hommes m'y ont fait voir la marque toute fraîche des pattes du lion.

A la halte de midi, nous sommes, plus encore que de coutume, assaillis par des nuées de moucherons voraces et tenaces, qui foncent sur les yeux, se précipitent sur le bord des paupières pour en boire l'humidité.

Vers le milieu de l'après-midi, ayant, après examen, bifurqué et choisi la bonne direction, nous atteignons un petit hameau, établi sur une butte étroite, que les grandes herbes et les bois pressent de trois côtés; pour se garantir de l'attaque nocturne des bêtes féroces, les indigènes l'ont entouré d'une forte palissade, haute de trois à quatre mètres. Vers l'est, s'étendent les champs de doura : ils finissent à la berge abrupte qui domine le fleuve. Les eaux du Nil Bleu, envahies par de larges bancs de sable, coulent encore dans le lit étroit et pro fond. Le Nil décrit ses courbes au milieu des forêts.

La nuit est tombée sur nous : une nuit opaque; la lune ne percera que tardivement les ténèbres épaisses. A peine entrevoit-on la silhouette de la palissade, d'une paillotte, de la cime du grand arbre sous lequel nous allons dormir, l'ombre des hommes groupés autour d'un feu qui fume abondamment. Le silence n'est troublé que par le cri incessant des sauterelles, le murmure des voix de femmes assises à la porte d'une hutte de chaume. Comme je me sens loin de tout ! oin de tous ceux, là-bas...

..... Au-dessus des forêts, la lune élève son disque déformé. Les femmes, assises à terre, voilées de bleu, font alors résonner les tambours, battent des mains, chantent une très douce mélopée. Les hommes se tiennent auprès d'elles, drapés de leurs grandes écharpes grises. Et, sous la lueur incertaine dont s'anime la nuit, les formes bleues, les formes grises dansent la *dellouka*. Brandissant un javelot ou une massue, un des hommes s'avance au milieu du cercle et il bondit, il saute, saute, tête baissée, comme fonçant sur quelque ennemi.

Quand il a repris sa place, une femme à son tour se lève. Elle rejette le voile bleu qui couvrait tête et visage : la multitude de ses petites nattes flotte, couronnée de verroterie rouge; une écharpe blanche étroitement enroulée autour de son corps, elle se cambre, se cambre encore, encore; la nuque descend vers la croupe remontée et, poitrine en avant, gorge haute, elle avance en grande lenteur, balançant la tête et gonflant le gosier à la manière des volatiles de basse-cour qui font la roue; petit à petit, poussant des gloussements sourds, elle parcourt le cercle des hommes et, s'arrêtant devant celui de son choix, elle se cambre, se cambre encore, encore, fléchit les genoux, s'agenouille, les petites nattes flottant vers la croupe très haute, poitrine offerte, balançant la tête et gonflant la gorge en cadence, avec des grâces de dinde amoureuse. L'homme agite le bras très haut, en signe de triomphe, les tambours font rage et les femmes font éclater les *you-you* de joie.

La lueur incertaine de la lune flotte dans les profondeurs du ciel et sur le mystère des forêts. Elle sculpte l'ombre d'une hutte de chaume, les formes drapées des gens du village, un homme qui bondit, une femme qui se cambre, la palissade qui isole et protège, l'arbre sous lequel je vais dormir. Comme je me sens loin, loin de tout, de tous ceux que j'aime...

*
* *

Tout le matin, nous poussons nos ânes au travers de fourrés inextricables, de broussailles armées d'épines. Les herbes, les arbustes, les arbres, emmêlés, forment une épaisse masse verte qui emplit les ravins du voisinage du fleuve et dont on ne désire pas connaître les hôtes sauvages qu'elle cache au plus profond de ses fourrés : on passe vite, en silence, inquiet d'une branche qui craque ou d'une herbe

EN MARCHE VERS ROSEIRÈS. — LA PISTE DANS LA FORÊT.
DEUX DE MES ANIERS

LE NIL BLEU A ROSEIRÈS. — MON ANIER DARFORI

froissée. A midi, nous campons dans un misérable hameau abandonné :
quatre ou cinq huttes délabrées se défendent mal contre l'assaut de
la forêt par une haie d'épines sèches moins haute qu'un homme.
Une prairie marécageuse, dont l'eau s'est retirée en cette saison, nous
sépare du Nil Bleu. Nous ne quitterons que demain ce méchant abri,
ayant une grande étape à couvrir avant d'atteindre, à travers le désert
des forêts, un village.

A la chute du jour, sur un grand arbre mort qui dresse près de la
haie d'épines ses rameaux desséchés, les oiseaux viennent se percher
pour la nuit; dans un vol silencieux, ils arrivent de toutes parts; ils
s'alignent en files pressées sur toutes les branches, couvrant l'arbre
entier d'un étrange feuillage noir. La nuit nous enveloppe. Un silence
de mort pèse sur nous. Mes hommes se sont installés dans les huttes.
Je m'allonge sur mon *angreb*, qu'ils ont disposé dehors, à deux pas
de la haie basse, à la merci d'une bête en maraude, et je m'endors
sous les étoiles, à la garde de Dieu...

*
* *

..... Dans la nuit finissante, les rugissement des lions m'éveillent :
tout le long des rives du fleuve, ils éclatent, se succèdent, se répondent.
Pendant la saison sèche, il ne reste plus d'eau dans les creux de la
forêt : tous ses hôtes, chasseurs ou chassés, doivent descendre se désal·
térer au Nil, gazelles tremblantes prêtes à une fuite éperdue, lions
affamés et terribles. A l'aube, le dernier rugissement part des fourrés
voisins du campement. Puis, tout se tait. Le soleil bientôt se lève
et mes hommes, debout depuis près de deux heures, n'ont pas encore
chargé les bêtes. Je les presse; ils restent assis à terre, me disant, pris
de peur : « *S'bou!* le lion! Le lion n'est pas encore rentré chez lui! »
Mais, si nous ne partons à la pointe du jour, la nuit nous surprendra

avant que nous ayons atteint le village. Je leur donne cinq minutes
pour mettre les bâts et charger les bagages. Les cinq minutes écoulées,
ils ne sont pas prêts : je pars, seul. Il n'est pas d'autre moyen de les
mettre en marche. Dans ces parages dangereux, il y a péril pour le
voyageur isolé et, si mes âniers ne s'intéressent pas à mon sort, ils
craignent pour leur âne que je monte.

Je m'engage sur la piste, au milieu des fourrés, dans les ravins
de l'inextricable forêt, mais sans hâte, pour donner à ma troupe
le temps de me rejoindre : vingt minutes après mon départ, elle
m'avait rattrapé. La poussière du sentier a gardé un grand nombre
d'empreintes de pattes armées de griffes. Les grandes herbes couchées marquent parfois le passage d'énormes bêtes. Aux approches
de midi, nous ne cessons de relever les larges empreintes circulaires laissées sur la terre humide des bas-fonds par des troupes
d'éléphants.

Mais voici l'autre danger : à la halte, le boy avoue ne pouvoir me
préparer le thé, faute d'eau ! Mes hommes ont bu, en route, la provision du jour : un sac de toile, la *zemzemia*, qui contenait ma provision
personnelle, est vide; les outres — les *gerba* — sont presque vidées.
Ils n'ont pu commettre cette grave imprudence qu'à l'instigation du
Darfori, paresseux, beau parleur, indiscipliné et qui apporte avec lui
toute la haine musulmane dont son pays est un des repaires. Je menace mes gens de réduire leur *bakchich* et, si pareil fait se renouvelle,
de les livrer au premier poste de police que nous rencontrerons. Et
j'ordonne au boy de me préparer le thé comme de coutume et de me
servir la quantité d'eau que je bois habituellement à mon repas. Il
en reste si peu aux âniers que l'un d'eux prend le parti d'emmener
le Darfori jusqu'au fleuve, à une demi-heure de là, pour y remplir
une outre. Cette marche supplémentaire, à travers des fourrés diffi-
ciles et dangereux, pendant le temps d'un repos que cette journée
fatigante rend plus nécessaire, constitue une juste sanction de leur

faute. Et par prudence, désormais, la *zemzemia* contenant ma provision
d'eau sera attachée à la selle de mon âne.

Tout l'après-midi, se multiplient les traces des pattes d'éléphants.
Nous n'avançons guère sans que leurs pistes ne se confondent avec le
sentier ou ne le coupent à tout moment. Nous traversons des prairies
dont ils ont foulé l'herbe et où ils se sont couchés. L'épaisseur des
fourrés, l'éloignement de tout hameau, la quantité de pattes géantes
qui se sont imprimées sur le sol me font envisager avec quelque crainte
l'approche du soir. Mes âniers n'ont jamais parcouru le pays. Ils se
guident d'après les renseignements toujours imprécis qu'ils recueillent
et par l'examen des pistes, possible de jour seulement. Le soleil touche
l'horizon comme nous descendons dans une sorte de vallée que les
pluies d'été transforment en lagune; l'eau emplit encore une vaste
dépression marécageuse entre cette vallée et les berges du fleuve.
Apercevant des champs de doura proches ce *khor*, nous nous disons
que le village doit être tout voisin, bien que nous n'en apercevions
pas encore les maisons. Penché sur le sol, le chef ânier relève les empreintes laissées par un troupeau de vaches. Nous poursuivons notre
marche dans cette direction. Mais la nuit se fait, complète, nous em-
pêchant d'utiliser ces points de repère et la piste se perdant dans les
herbes du *khor*. Nous nous trouvons certainement à peu de distance
du village, mais il est évident que nous ne pouvons plus songer à
l'atteindre. Il nous manque une demi-heure de jour, la demi-heure
perdue ce matin par mes hommes en ne quittant le campement qu'une
demi-heure après le coucher du soleil.

Que faire? Camper en ce lieu, c'est courir le risque d'une rencontre
avec les hippopotames qui quittent, la nuit, le *khor* pour aller paître
les herbages, et avec les éléphants qui quittent, la nuit, la forêt
pour aller boire au *khor*. Il nous faut donc revenir sur la piste de
Roseirès à Singa et continuer à la suivre. Mais il n'est plus grand
péril que de marcher, la nuit : c'est la rencontre presque certaine

avec les habitants de la forêt en chasse, un nez à trompe avec l'éléphant qui descend au fleuve, une agression subite de quelque fauve à l'affût. Je décide de marcher au moins pendant la première heure de la nuit, qui est la moins dangereuse; peut-être trouverons nous le sentier du village; sinon, nous camperons à la grâce de Dieu.

La grande piste rejointe, les âniers se hâtent de se placer derrière moi, me laissant la première place, la plus exposée. Nous nous enfonçons dans les grandes herbes, dans le silence, dans les ténèbres. Il est bientôt évident que nous nous trouvons à hauteur du village : les aboiements des chiens viennent jusqu'à nous. Mais, dans la nuit épaisse, nous ne discernons aucune piste qui se détache de la nôtre. Par moments, le sol du sentier est défoncé par le passage des éléphants et, sur les côtés, les herbes sont couchées.

Voilà une heure que nous marchons : peut-être avons-nous dépassé le village. Il est plus prudent de camper. Les fourrés, moins épais, entourent une étroite prairie d'herbes desséchées, foulées par les pachydermes. Deux âniers, armés de leurs javelots barbelés, l'explorent rapidement : ils ne perçoivent aucun bruit suspect. Nous pénétrons dans les herbes et, ayant atteint deux arbres, nous mettons bagages à terre et entravons les ânes. « Plaise à Dieu, murmure le chef de caravane, que les éléphants ne passent pas, cette nuit, par ici ! » Le plus grand silence est observé pour ne pas faire soupçonner notre présence. Les hommes, tapis dans les herbes, les javelots fichés à terre à côté d'eux, se tiennent aux écoutes. Il ne saurait être question de dîner, car il ne faut pas allumer de feu : « Quand les éléphants voient du feu, me dit le chef des âniers, de peur qu'il n'incendie la forêt et ne les brûle eux-mêmes, ils accourent, se précipitent sur le foyer et le piétinent jusqu'à ce qu'ils l'aient éteint. » N'ayant pas d'arme, je ne vois d'autre moyen d'assurer ma sécurité que de grimper sur l'un des arbres qui abritent le campement improvisé.

Du haut de mon perchoir, j'éprouve successivement l'impression

de la sécurité, du pittoresque, du ridicule, enfin des inconvénients
d'une nuit à passer sur une branche. Avoir pour siège et pour appuie-
pieds l'angle aigu formé par deux branches et, après dix heures de chevauchée, le jour, rester dans cette position pénible pendant dix heures
de nuit sans avoir mangé et sans pouvoir dormir, quelle destinée
cruelle, ô éléphants, ne me ménagez-vous pas !

Une heure se passe : un de mes hommes s'allonge sur mon *angreb*
et s'endort. Une heure encore s'écoule : un autre s'étend sur mes nattes
et s'abandonne au sommeil.

Après une autre heure, le chef ânier me recommande, à voix
très basse, de l'éveiller au moindre bruit suspect, et, se couchant sur
des peaux de chèvre, il s'endort à son tour. Et me voilà, par un ren-
versement complet des rôles, chargé de veiller sur leur repos !... Je
ne perçois que le cri pacifique des sauterelles. La lune se lève et promène dans le ciel sa silhouette déformée. Le chœur paisible et berceur
des insectes se poursuit, monotone, dissipant l'inquiétude qui m'ar-
mait contre le sommeil. A tout instant, le sommeil m'envahit, impérieux, irrésistible, et je sens qu'à force de piquer du nez dans le vide
je vais piquer une tête sur l'échine de l'âne qui, au pied de mon arbre,
songe en paix. Pour éviter ce danger, je me tiens debout sur une branche, la poitrine appuyée contre une branche plus haute par-dessus
laquelle je passe mes bras. Mais, engourdi de fatigue, accablé par l'immobilité et le silence, je plonge brusquement, par instants, dans de
brefs rêves qu'alimentent mes craintes et les images créées par les
formes obscures de la nuit, par la torpeur dont mes yeux sont accablés :
dans la petite prairie qu'avaient foulée les bêtes géantes, les îlots
d'herbe intacte prennent figure des chaumières d'un hameau; un peu
d'herbe séchée s'associe à une branche pour simuler un homme
endormi dans un hamac; je prends un tronc d'arbre tordu pour un
animal en marche; le feuillage de mon perchoir, projeté dans une
perspective lointaine, prend figure d'une troupe confuse, prête à

l'attaque. Chaque fois, secouant la tête et chassant les fantômes qui m'ont envahi pendant quelques secondes, je reprends contact avec le monde réel : je m'affermis sur les branches et, dans le silence immense d'une nuit qui semble éternelle, j'entends monter, très humble, très doux, le chant paisible des sauterelles... Du coup, je ne rêve pas : à quatre reprises, un sourd grognement se fait entendre dans les fourrés qui entourent notre petite prairie, de grandes herbes desséchées et des branches se froissent au passage d'un gros animal invisible... L'aube approche : au loin, les coqs du village sonnent le réveil...

§ 2. — Par les plaines.

Ayant chevauché une heure à peine, nous sortons de l'épaisse forêt. Nous débouchons sur une sorte de plateau monotone où les vastes clairières et les champs de doura alternent avec de maigres bouquets de bois.

Avant midi et pour une halte prolongée, bien nécessaire, nous atteignons un grand village, sur les bords du fleuve. J'y reçois un accueil qui contraste heureusement avec l'hostilité à peine déguisée des gens du Kordofan et s'accorde avec ce qu'on m'avait dit des plus aimables façons des Arabes du Haut Nil Bleu. Un *faqui* s'est empressé de m'offrir l'abri d'un toit de paille porté par une dizaine de poteaux et d'y attacher une grande draperie de toile pour me mieux protéger des rayons obliques du soleil; sa femme m'a apporté du lait dont elle n'a voulu recevoir aucun argent. De nombreux habitants sont venus saluer le voyageur et, discrètement, se sont retirés quand ils ont vu que le thé allait m'être bientôt servi. Leur islamisme s'inspire étroitement du Coran : le devoir de haïr le chrétien se dissimule parfaitement derrière le devoir de pratiquer l'hospitalité à l'égard du voyageur. La crainte, surtout, d'un gouvernement respecté parce qu'on le sait très fort les aide à déguiser leur fond de haine sous l'élégance des formes courtoises. Le respect du chapeau chrétien, la fermeté britannique l'a imposé aux tarbouch et turbans musulmans des contrées des deux Nils. Le touriste y étant inconnu, tout casque de liège est volontiers pris pour celui d'un fonctionnaire anglais et les égards dont on m'entoure s'expliquent aussi par une méprise. Plus d'une fois, dans les petites villes du bas Nil Blanc ou à leurs abords, les indigènes, à ma vue, s'arrêtaient un moment de travailler ou se levaient et, femmes et enfants comme les hommes, faisaient le salut militaire. Sur le chemin du Gébel Goulé, les rares piétons que j'ai rencontrés sortaient du sentier pour me laisser le passage, s'arrêtaient et, me faisant face, se mettant avec leur lance au port d'armes, me saluaient militairement. Aujourd'hui, sur le joli et court chemin qui mène du village de ma halte méridienne à Abou Naama au milieu de bois verts reliés au fleuve par une prairie, les Arabes rencontrés à âne ont mis pied à terre d'aussi loin qu'ils m'ont aperçu et donné le salut bien avant que je n'arrive à leur hauteur. Dans ces immenses espaces où sévissaient le fanatisme, le meurtre et le vol, le pillage et la guerre, l'Européen a fait régner entre les hommes la paix; une poignée d'administrateurs anglais, lointains, habituellement invisibles, a assuré le respect des personnes et des biens et la discipline du respect.

La rive opposée du Nil Bleu se dresse comme une falaise : falaise de terre d'alluvions, couverte de forêts où, de distance en distance, de petits villages piquent les parasols de leurs toits; on dirait des familles de champignons dans la verdure. A Abou Naama, le Bahr-el-Azraq décrit un vaste coude : d'énormes bancs de sable disputent à l'eau en décrue, toujours plus rare, le lit qu'encaisse une double falaise de terre grasse; les hameaux sèment les bouquets de leurs toits en poivrière à la lisière des forêts qui s'étendent sur tout l'horizon. Un Arabe qui revenait de son champ me salue et m'offre gracieusement des épis de maïs qu'il emportait chez lui.

Mon *angreb* est posé au milieu des tokols, entre celui du cheikh et la *médresseh* (¹). Je regarde la nuit descendre sur le village et sur les bois. Les enfants pénètrent dans le petit enclos d'épines sèches de la médresseh, allument un grand feu et s'assoient tous autour; tenant à la main des tablettes où sont inscrits l'alphabet ou des prières, ils apprennent, à la clarté de la flamme, soit leurs lettres, soit les versets du Coran; balançant leurs petits bustes demi-nus et criant à tue-tête leur leçon, ils s'évertuent, chacun pour son compte, à la bien retenir. A l'heure liturgique, le maître fait un geste : soudain, tous se taisent et, s'étant mis en rangs derrière lui, font avec lui la prière, la cinquième, la dernière de chaque jour.

*
* *

Ce matin, vers 3 heures, la cacophonie enfantine de la veille me tire du sommeil. Les enfants, déjà de retour à l'école, sont assis en cercle autour d'un grand feu clair qui flambe au centre de la hutte où ils s'abritent contre le froid du matin. Leur tablette en main, balançant leurs petits bustes traversés d'une écharpe, ils crient tant qu'ils peuvent, de leurs voix suraiguës, leur leçon. Mais, à l'aube, sur un signe, ils font un brusque silence, se disposent sur deux rangs et, répétant les attitudes et les paroles du maître, avec lui ils prient, récitant la première prière du jour qui commence.

Le soleil paraît au-dessus des forêts de l'autre rive. Les ânes sont chargés. Le cheikh vient me saluer et me conduire jusque sur mon chemin.

Les plaines du Sennar vont se dérouler jusqu'à Khartoum avec leurs broussailles, leurs villages et leurs moissons. Nous traversons

(¹) L'école.

ROSEIRÈS : LA PRINCIPALE RUE

UN BAOBAB EN BORDURE D'UNE RUE DE ROSEIRÈS
LE CHEF DE MES ANIERS

de grands bois de mimosas, coupés de larges clairières où le soleil achève de dessécher les herbes stériles et la paille de doura. Les villages sont proches les uns des autres. C'en est fini de la grande forêt, des pistes communes aux hommes et aux bêtes, de la crainte d'être surpris par la nuit avant d'avoir atteint le refuge d'un des rares hameaux perdus sur les bords du Haut Nil Bleu.

Nous faisons notre halte méridienne dans un grand village riverain du fleuve et, suivant la coutume, le cheikh nous installe à la maison des hôtes de passage, veillant à ce que rien ne nous manque.

Une courte étape nous permet ensuite d'arriver en face de Karkoi avant le coucher du soleil. Aussi poussons-nous un peu plus loin, sur un sentier capricieux, au milieu des petits bois qui garnissent la rive du Bahr-el-Azraq. Nous nous rapprochons de ses eaux bleues et de ses grèves blondes à quelques-uns des coudes qu'il multiplie; de hautes berges ombreuses encaissent son lit étroit. La nuit venue, nous dormons sur une butte qui domine la double boucle dessinée par le cours des eaux.

*
* *

Encore une chevauchée, tout ce matin, tantôt au milieu des bois et tantôt dans la plaine d'herbes séchées ou au milieu des champs que couvrent les chaumes de doura. Un village apparaît parfois à l'une des sinuosités du fleuve qui rapproche notre chemin de ses eaux claires où s'imprime la couleur du ciel, de ses grandes plages dorées par le soleil, de ses falaises de terre noire couronnées par les bois.

Et c'est enfin, à midi, Singa, la capitale de la province du Sennar, ses chaumières, son soûk où se vendent des nattes de paille dont la richesse des couleurs et du dessin a grande réputation.

*
* *

Mes âniers de Renk me quittent ici pour retourner chez eux. De longs pourparlers s'engagent, sur le soûk, dès hier, pour trouver les trois hommes et les quatre ânes dont j'ai besoin. Ce matin, quatre hommes se présentent, chacun avec son animal dont il prétend ne pouvoir se séparer. Je suis obligé d'en passer par leurs exigences. J'aurais pu faire intervenir le *mahmour* (¹); mais il m'aurait fallu attendre l'ouverture des bureaux et le départ eût été retardé jusqu'à l'après-midi.

Ma petite troupe se met en marche pendant qu'un des âniers chante les louanges de Mahomet. Le chemin, très fréquenté, se perd au milieu d'une plaine de grandes herbes jaunies, coupée, par places, de petits bois ou de maigres broussailles. Ou bien, ce sont de vastes champs de doura dont il ne reste plus que le chaume et qui annoncent le voisinage d'un village. La chaleur du soleil est tempérée par la force du vent du nord. Nombreux sont les Arabes, montés sur leurs petits ânes, que nous croisons en chemin et qui, des temps d'insécurité voisins encore du nôtre, ont gardé l'habitude de ne jamais quitter leur demeure sans tenir en main une lance.

Mes âniers m'avaient assuré qu'ils faisaient toujours des étapes quotidiennes de dix heures, dont six heures de marche dans la matinée. Mais, après trois heures de route, ils me disent, désignant un village : « Nous nous arrêtons là? » Je commanderai donc les haltes et les départs, ne prenant conseil que de ma montre.

A midi, nous faisons halte dans un village. Le moueddin appelle à la prière. Mes âniers s'arrêtent de manger pour répéter, avec la voix

(¹) Administrateur. oca

qui traverse l'air, la formule de foi qui rompt tout lien entre la communauté musulmane et le reste des hommes. On peut me faire bon accueil, multiplier les politesses, les actes de courtoisie, les souhaits de bienvenue ou d'heureux voyage, ce ne sont que vains simulacres : je suis le chrétien, donc l'étranger et l'ennemi. Prosterné sur sa peau de chèvre, l'ânier qui, dans la plaine, chantait les louanges de Mahomet, récite la prière de haine : sur lui seul et ses seuls frères de l'Islam, il appelle la clémence et la miséricorde de Dieu.

..... Le guide quitte le grand chemin. J'en demande la raison. « Parce qu'il n'y a plus de village qu'à une grande distance. — A quelle distance? — Très loin ! » Je ne puis obtenir d'autre précision. Le sentier où nous nous sommes engagés rejoint le fleuve à l'un des multiples coudes où il déploie la grâce de ses eaux bleues, de ses sables fauves, de ses îles vertes, de ses berges de terre brune ombragées par des bois épais. Et le guide se dispose à entrer dans un village. « Tu ne supposes pas, lui dis-je, que je consente à passer la nuit ici, après une heure et demie de marche? » Il réfléchit un instant; puis : « Non, répond-il. C'est seulement pour boire de l'eau. — Boire de l'eau ! Tu as bu il y a une heure et demie et, d'ailleurs, si tu veux de l'eau, il y en a là, dans cette *zemzemia*. Bois ! » Mes hommes hésitent, demeurent sur place, se consultent du regard. Je reprends : « Vous voulez aller au village pour boire du mérisse ! Je le sais. » Ils se regardent en silence. Mais l'un, tentant de me tenir tête : « Du mérisse ! Où donc y en a-t-il, du mérisse? — Assez ! Je vous connais ! Il y en a dans toutes les maisons et tous les musulmans sont des ivrognes ! Buvez cette eau et en route ! » Trois des hommes en boivent, mais le quatrième, l'homme qui chante les louanges de Mohammed et qui porte une lance de douze pieds de long, s'est hâté déjà vers le village et je lui ai crié : « Tu vas faire ta prière au mérisse ! C'est l'heure de l'*asr !* » Les autres semblent disposés à l'attendre : je les fais se remettre en route.

Quelques instants plus tard, ayant regardé derrière moi sans tourner la tête, je m'aperçois que mon domestique, malgré ma défense formelle, fait, comme ce matin déjà, la route à pied (¹); les âniers sont en selle. Alors, sans me retourner, je l'appelle : « Mohammed! Viens ici! et vite! » Et, lorsque j'entends près de moi le bruit de ses pas, je lui demande, sans le regarder : « Pourquoi es-tu encore à pied?... Monte! et vite! » Cinq minutes écoulées, je fais retourner brusquement ma monture : Mohammed est encore à pied. Je lui désigne un âne : « Monte ici! » L'ânier lui cède sa place. Je les fais tous marcher devant moi, sous mon regard. Je les entends qui murmurent des paroles indistinctes où je ne perçois, et fréquemment, que le mot *nousrani*, chrétien.

S'ils rencontrent quelque ami sur la route, ils s'arrêtent pour échanger de longues politesses, sans plus se soucier de moi que si je n'existais pas. Pour sauvegarder mon autorité, je me garde de ralentir un seul instant le pas de mon âne, les forçant ainsi à se hâter pour me rejoindre. Leur état d'esprit me révèle celui de toute cette province relativement peuplée sur les bords d'un fleuve navigable pendant une moitié de l'année et, dans la saison sèche, sur une partie de son cours, et où habitent des chrétiens orientaux, Grecs ou Syriens, qui y font le commerce. Il ne reste plus trace des politesses des indigènes du Haut Nil Bleu : nul ne me prend pour un fonctionnaire; les gens que je croise sur le chemin ne me saluent jamais, ne se dérangent même pas; les cheikhs des villages ne viennent plus me faire accueil; ils me laissent occuper, comme ils le doivent, la maison des hôtes de passage, mais ils ne se montrent qu'à mes gens et ne parlent qu'à eux seuls. Le voile est tombé qui couvrait l'hostilité de leur cœur.

Nous trottons au milieu des bois d'arbustes qui se pressent aux abords du *Bahr-el-Azraq*. Nous nous rapprochons du grand chemin.

(¹) Il doit réserver ses forces pour mon service à l'étape, tandis que les âniers n'ont qu'à conduire leurs bêtes.

Mais un inexplicable caprice pousse mes âniers à retourner vers le fleuve par un sentier tortueux jusqu'à ce que, le soleil s'abaissant sur l'horizon, ils me disent : « Il n'y a de village que par là-bas, à une demi-journée de Sennar. » Et, pour nous rendre à ce village, nous devons revenir au grand chemin, le traverser et nous engager sur un sentier qui nous ramène vers le sud. Nous avons marché une heure de plus qu'il ne fallait, par leur faute. A l'étape, je leur supprime le thé.

....., Sous la nuit d'étoiles, l'homme au mérisse et à la lance récite la prière de haine : il supplie Dieu de répandre seulement sur lui et ses frères en Mahomet clémence et miséricorde.

*
* *

Le soleil s'étant levé...

Par les bois de broussailles qui vêtent la plaine, l'homme à la lance va chantant : « Il n'y a qu'un Dieu et Mahomet est son prophète ! Mahomet est son prophète ! Mahomet est le prophète de Dieu ! Mahomet prophète ! Mahomet prophète !... » Il répète ces formules plus de cent fois, sans arrêt, sans se lasser (1). Je marche le dernier, puisqu'ils n'obéissent que sous l'œil et la menace. Mais, après quelque temps et sous prétexte de réassujettir la charge des ânes, ils s'arrêtent; je les dépasse; ils ne me rejoignent pas; je me retourne vers eux : mon domestique est à pied ! Un ânier, nommément désigné, reçoit l'ordre de lui céder sa place. Il obéit sur-le-champ. Ces gens-là sont trop fourbes et trop lâches pour résister en face. Et je reprends ma place à la queue de la caravane.

Cinq heures durant, nous chevauchons au milieu des broussailles

---

(1) Certains dervouiches doivent répéter cent et même mille fois par jour la formule de foi musulmane.

et des bosquets qui vêtent la plaine. Le grand silence embrasé n'est traversé, de temps à autre, que par l'appel triste et doux des tourterelles... Puis, la paille jaune des champs de doura nous annonce l'approche de Sennar dont les huttes de chaume avoisinent le Nil. Les eaux bleues s'écoulent parmi les bancs de sable doré dans un lit qu'encaissent de hautes berges couronnées par les bois. C'est à un large coude de ce fleuve sinueux que s'élevait l'ancienne capitale de la mésopotamie des deux Nils : il n'en reste qu'un pauvre village. Le soûk est tout petit et, sous ses arcades, quelques marchands attendent de rares clients. L'un d'eux me dit avec tristesse : « Il n'y a rien à faire ici. Pas de population, pas de commerce. Sennar est dépourvu d'importance. Il n'y a que deux villages qui n'en soient pas très éloignés. »

En quittant Sennar, nous passons près des ruines de l'ancienne cité : ses maisons de terre, ses édifices achèvent de s'écrouler, de fondre sous les pluies de l'été. Après une courte chevauchée parmi les champs d'herbes brûlées et les bois de broussailles, nous prenons notre abri de la nuit dans un grand village où se fabriquent ces jolies nattes de paille, si fines, si brillantes de couleurs, si compliquées de dessin, qui ne se voient nulle part ailleurs que dans la vallée du Nil Bleu.

Aussitôt éveillé, l'ânier à la lance, imité par les trois autres, fait sa prière. Puis, il égrène son chapelet. Et, sur le chemin, quand il ne chante plus : « Il n'y a qu'un Dieu, Mahomet est prophète de Dieu ! » il répète cette formule cent et deux cents fois de suite, conformément à la règle observée par les affiliés de certaines confréries religieuses. C'est se faire une idée inexacte du musulman que de le comparer à un chrétien fidèle observateur des pratiques de sa religion : on doit

le comparer à un de nos prêtres ou moines. La prière absorbe une
grande partie de son temps; la préoccupation religieuse a le pas sur
toutes ses autres préoccupations. Sa conversation, lorsqu'elle n'a pas
trait au plaisir ou à l'argent, porte sur la religion. L'idée religieuse
est l'idée dominante de toute sa vie. L'Islam n'est puissant que parce
qu'il a poussé de puissantes racines dans l'âme de chacun de ses
adeptes; et cette vie religieuse individuelle atteint à ce degré
d'intensité sous l'influence d'un entraînement méthodique et intense :
la multiplicité des pratiques quotidiennes, la lecture constante du
Coran, la répétition continuelle de la formule de foi, les met et les
maintient sous une haute pression religieuse; et comme une idée
forte tend à s'exprimer fortement et à se répandre au dehors, chacun
d'eux est poussé à tenter de convertir les incroyants. Le prosély-
tisme religieux est le fait de tous les musulmans. En contact avec ceux
qu'ils appellent « *kaferin*, infidèles », ils font grand effort pour les
réduire à leur croyance. La vie de leur foi déjà si vivante s'accroît
par l'effet d'un tel effort. Sans peine et sous l'influence du propre
mouvement de leur esprit, ils deviennent des sortes d'apôtres. Cette
activité de conquête est surtout sensible aux confins de l'Islam et du
paganisme. Un marchand arabe, rencontré dans un petit hameau
chillouk perdu en bordure du pays Sélim, me disait en me montrant
des Chillouks qui buvaient du mérisse : « C'est parce qu'ils n'ont pas
le Livre ! — Tu oublies, lui répliquai-je, que tout le pays du Kordofan
et du Sennar a le livre de Mahomet et est ivre de mérisse. » A Fachoda,
à l'heure de la prière, les quinze à vingt marchands arabes qui y
font le commerce se réunissent sur la place du soûk et, le transformant
en mosquée, récitent, sous la direction de l'un d'eux, publiquement et
de façon ostentatoire, la prière : des tokols chillouks alignés en face
de la place du soûk, les Noirs les voient prêchant par l'exemple en
attendant de tenter la conversion par la parole ou que le temps
heureux du Mâhdi revienne pour réduire les païens par l'épée.

..... Par les champs où la récolte est faite, par la plaine vêtue de broussailles et non loin des cimes d'arbres verts qui font cortège à la rive du Nil Bleu, ma petite caravane poursuit sa route. Les Arabes que nous croisons ne se dérangent ni ne me saluent. Mais à mes gens ils disent : « *As salâm aleikoum!* Que le salut de Dieu soit sur vous! » Et l'homme à la lance continue de chanter comme dans un rêve : « Mahomet est le prophète de Dieu! Mahomet est prophète! »

*
* *

Le lendemain.

De vastes champs de doura, une plaine de moissons jaunes, pendant des heures... Comme la récolte n'en est pas faite, les âniers, s'assurant d'un rapide regard que nul ne les voit, se hâtent de cueillir une gerbe d'épis. Je leur dis : « Vous êtes des voleurs! » Ils rient. Puis, ils répondent : « Tout le monde fait de même... Ah! c'est un bon pays que le nôtre! Le doura n'y manque pas! » Et c'est vrai que tous font de même : chameliers, âniers, tous, je les ai vus marauder aussi naturellement que mentir. Aussi, lorsqu'ils le peuvent, les fellahs entretiennent-ils sur de hautes plates-formes des guetteurs.

Quand aussi je dis à l'un de mes âniers : « Tu est musulman et tu bois le mérisse. Tu sais bien que c'est défendu. — Oui, répond-il, je le sais. — Alors, pourquoi en bois-tu? — Tout le monde en boit ici. Du moment que l'on confesse Dieu et son prophète Mahomet, il n'y a plus rien à craindre... Et puis, *ma'alech* (¹)! — Dans ce cas, pourquoi ne manges-tu pas du porc? — C'est défendu. — Manges-en et dis : *ma'alech!* » Mais on me répond invariablement : « Le porc? Jamais! C'est mauvais! »

Un soldat indigène, qui se dirige à dos de chameau sur Wad-

______

(¹) Qu'importe!

SENNAR, SUR LE BAHR-EL-AZRAQ (NIL BLEU) :
FEMME VENANT DE PUISER DE L'EAU AU FLEUVE

LES RIVES DU NIL BLEU A SENNAR : UN ÉNORME
TROUPEAU DE MOUTONS ET DE CHÈVRES REVIENT
DU FLEUVE APRÈS S'Y ÊTRE DÉSALTÉRÉ

Médani, nous rejoint. Il m'a aperçu : un *khoaga* (¹) ! N'y aurait-il pas dans ses bagages quelques bouteilles d'alcool ? Fort déçu, à la halte, de constater que j'en suis démuni, il se hâte vers un tokol pour s'y abreuver de mérisse. A l'ombre d'un arbre, près d'un coude du fleuve, j'offre le thé au cheikh et au shérif du village. « Tu es un excellent homme », me disent-ils. Je réponds : « Qu'en savez-vous?... On me dit toujours cela quand on attend de moi le bakchich. — Oh ! font-ils en insistant. On voit bien que tu n'es pas Anglais : tu es aimable, au moins ! Les Français sont vraiment meilleurs. » Mais je conclus : « Les musulmans pensent que tous les chrétiens, quels qu'ils soient, ne valent rien et que le mieux est de les chasser de ce pays. » Le cheikh, le shérif (²), les indigènes qui nous entourent, gardent le silence.

La route reprise, le soldat nous rejoint et s'efforce d'imposer une intimité dont il espère, malgré sa première déception, quelque profit : « Veux-tu, me dit-il, monter sur mon chameau? Tiens ! pendant deux heures, toi sur mon chameau, moi sur ton âne, et puis, pendant deux heures, tu reprendras ton âne et je reprendrai mon chameau. — A quoi bon ! J'ai voyagé à dos de chameau pendant vingt et un jours dans le Kordofan. Je connais cela. » Après quelques instants de silence : « Comment t'appelles-tu? me demande-t-il. — Dieu le sait (³). » Il ne se tient pas pour battu : « Dis-moi ton nom, je te dirai le mien. Car je te considère comme mon ami et je désire être ton ami. — Le musulman n'a d'autres amis que le musulman, le mérisse et l'argent. » Sur quoi, il se résigne à hâter le pas de sa bête et à prendre pour le soir un autre gîte que le mien.

.... A l'infini, une plaine de moissons jaunes. Jusqu'aux frontières

---

(¹) Terme générique désignant un Européen quelconque que l'indigène suppose voyager pour les besoins de son commerce.

(²) Descendant de Mahomet. Les shérifs pullulent dans le monde musulman.

(³) Réponse évasive, habituelle aux musulmans.

du monde, une plaine dorée. Le sentier se perd dans les hautes tiges qui portent les lourds épis de doura. Sur cette Beauce africaine, le soleil jette ses derniers rayons. On aperçoit à peine, au loin, les toits pointus du village où nous devons dormir.

*
* *

Au matin...

Le caprice du fleuve le ramène près de nous. Et nous effleurons une de ses boucles bleues où le sable des grèves fait une tache claire. Les cimes vertes des arbres annoncent au loin que les rives du *Bahr-el-Azraq* aiment l'ombre des grands bois. Nos ânes trottent parmi quelques broussailles et puis s'enfoncent à nouveau dans la plaine qui donne le pain. Mais, bientôt, reparaît la traînée de verdure et, à un coude où glissent, mêlées de bancs de sable, les eaux bleues du Nil, Wad Medani étale ses huttes nombreuses, les arcades d'un soûk très actif, les bâtiments de brique de l'administration de la province.

..... Encore quelques jours de chevauchée et ce sera, au terme de la grande plaine grise et nue où le vent violent du nord soulève des nuées de poussière et souffle le froid, Khartoum, la ville gréco-anglaise, au confluent des deux Nils...

..... Si vous allez aux pays des deux Nils, vous parcourrez des plaines immenses, des forêts silencieuses, le fleuve qui est comme une plaine d'eau, vous dormirez sous un ciel où voyagent des étoiles inconnues. Parfois, un village aux huttes rondes, aux toits aigus; parfois, une caravane qui passe; parfois, montant dans la nuit, le hurlement des dervouiches en délire, le murmure très doux d'une foule blanche qui chante en dansant, le bourdonnement des moustiques sur les joncs du marais, le souffle de l'hippopotame qui se baigne dans les

eaux calmes du soir, le rugissement du lion sur les rives du Nil Bleu
aux approches de l'aube. Et toujours vous sentirez autour de vous,
chez les hommes rencontrés dans ces immenses solitudes, la mauvaise
volonté et la mauvaise foi de leurs âmes hostiles, l'insulte proche, la
révolte prête, le mépris sous l'indifférence affectée ou l'hypocrisie
des politesses, toujours la haine... Allez aux pays des deux Nils, aux
pays de la haine : la force y est souveraine et, si vous êtes forts et justes,
vous serez respectés.

TABLE DES ILLUSTRATIONS

TABLE DES MATIÈRES

ACHEVÉ D'IMPRIMER
SUR LES PRESSES DE BERGER-LEVRAULT, A NANCY
LE XXV JANVIER MCMXXIX